PORTUGUÊS

P853   Português : práticas de leitura e escrita / Organizadora, Tânia
        Aiub. – Porto Alegre : Penso, 2015.
        x, 172 p. ; 25 cm.

        ISBN 978-85-8429-046-8

        1. Português. I. Aiub, Tânia.

        CDU 811.134.3

Catalogação na publicação: Poliana Sanchez de Araujo – CRB 10/2094

TÂNIA AIUB
ORGANIZADORA

PORTUGUÊS
>> PRÁTICAS DE LEITURA E ESCRITA

Reimpressão 2021

2015

© Penso Editora Ltda., 2015

Gerente editorial: *Arysinha Jacques Affonso*

Colaboraram nesta edição:

Editora: *Maria Eduarda Fett Tabajara*

Processamento pedagógico: *Lívia Allgayer Freitag*

Leitura final: *Elisa Fernandes Rodrigues*

Capa e projeto gráfico: *Paola Manica*

Imagens da capa: *Terenesa/iStock/Thinkstock.PureSolution/BigStock.com*

Editoração: *Kaéle Finalizando Ideias*

Reservados todos os direitos de publicação à
PENSO EDITORA LTDA., uma empresa do GRUPO A EDUCAÇÃO S.A.
A série Tekne engloba publicações voltadas à educação profissional e tecnológica.
Av. Jerônimo de Ornelas, 670 – Santana
90040-340 Porto Alegre RS
Fone: (51) 3027-7000 Fax: (51) 3027-7070

É proibida a duplicação ou reprodução deste volume, no todo ou
em parte, sob quaisquer formas ou por quaisquer meios (eletrônico,
mecânico, gravação, fotocópia, distribuição na Web e outros),
sem permissão expressa da Editora.

SÃO PAULO
Av. Embaixador Macedo Soares, 10.735 – Pavilhão 5
Cond. Espace Center – Vila Anastácio
05095-035 – São Paulo – SP
Fone: (11) 3665-1100 – Fax: (11) 3667-1333
SAC 0800 703-3444 – www.grupoa.com.br

IMPRESSO NO BRASIL
PRINTED IN BRAZIL
Impresso sob demanda na Meta Brasil a pedido de Grupo A Educação.

Autores

Tânia Aiub (org.)
Graduada em Letras pela Universidade do Vale do Rio dos Sinos (Unisinos) e mestre em Teorias do Texto e do Discurso pela Universidade Federal do Rio Grande do Sul (UFRGS). Atualmente, é professora de Língua Portuguesa e Literatura do Instituto Federal de Educação, Ciência e Tecnologia do Rio Grande do Sul (IFRS). Atua na área de Teorias do Texto e do Discurso, em Análise do Discurso. Realiza pesquisas com ênfase em leitura em novos ambientes tecnológicos (hipertexto), educação e ensino a distância, semântica argumentativa, prática e ensino de língua portuguesa.

Aline Lorandi
Graduada em Letras pela Unisinos e mestre em Linguística Aplicada pela Pontifícia Universidade Católica do Rio Grande do Sul (PUCRS). Doutora em Linguística e Letras pela PUCRS, com período estágio de doutorado sanduíche em Birkbeck, Universidade de Londres, Inglaterra. Atualmente, é professora adjunta II na Universidade Federal do Pampa (Unipampa).

Arlinda Maria Caetano Fontes
Graduada em Letras, mestre em Ciências da Comunicação/Semiótica e Especialista em Linguística do Texto pela Unisinos. Especialista em Teoria da Literatura pela PUCRS. Professora aposentada, lecionou Língua Portuguesa, Literatura, Linguística e Práticas de Ensino na Unisinos, em São Leopoldo (RS), e no Unilasalle, em Canoas (RS).

Cristina Rörig Goulart
Graduada em Letras pela Unisinos e especialista em Estudos Linguísticos do Texto pela UFRGS. Mestre em Linguística Aplicada pela PUCRS e doutora em Linguística pela mesma universidade. Atualmente, é professora no IFRS (Câmpus Restinga).

Darlene Webler
Graduada em Letras pela Universidade Regional do Noroeste do Estado do Rio Grande do Sul (UNIJUÍ). Especialista em Língua Portuguesa pela Faculdade de Filosofia, Ciências e Letras (FFCL) de Ouro Fino, Minas Gerais. Mestre em Linguística Aplicada pela Unisinos e doutora em Letras – Estudos da Linguagem pela UFRGS. É professora adjunta de Língua Portuguesa e Linguística na Universidade Federal do Rio Grande (FURG) e líder do Grupo de Estudos e Pesquisa em Análise do Discurso (GEAD).

Denirio Marques
Graduado em Ciências Biológicas pela Universidade da Região da Campanha (URCAMP) e especialista em Educação Ambiental pela mesma universidade. Mestre em Biologia pela UNISINOS. É professor e diretor de ensino no IFRS (Câmpus Viamão).

Joseline Tatiana Both
Graduada em Letras pela Universidade de Santa Cruz do Sul (UNISC). Mestre e doutora em Linguística pela PUCRS. Atualmente é professora de Língua Portuguesa no Instituto Federal Sul-Rio-Grandense (IFSul – Câmpus Venâncio Aires).

Rafaela Fetzner Drey
Graduada em Letras pela Unisinos. Mestre e doutora em Linguística Aplicada pela mesma universidade. É professora de Língua Inglesa e Língua Portuguesa no Ensino Técnico e na Formação de Professores no IFRS (Câmpus Osório), onde atua diretamente em pesquisas relacionadas às práticas de sala de aula no ensino técnico e ao desenvolvimento de metodologias e materiais didáticos. Também desenvolve pesquisas sobre formação docente na área de ensino técnico e ensino de línguas.

Rui Manuel Cruse
Graduado em Letras pela Unilasalle de Canoas. Mestre em Linguística Aplicada pela PUCRS e doutor em Linguística Aplicada pela PUC-SP. É professor DIII-4 e pesquisador do IFRS (Porto Alegre).

Apresentação

O Instituto Federal de Educação, Ciência e Tecnologia do Rio Grande do Sul (IFRS), em parceria com as editoras do Grupo A Educação, apresenta mais um livro especialmente desenvolvido para atender aos eixos tecnológicos definidos pelo Ministério da Educação, os quais estruturam a educação profissional técnica e tecnológica no Brasil.

A Série Tekne, projeto do Grupo A para esses segmentos de ensino, se inscreve em um cenário privilegiado, no qual as políticas nacionais para a educação profissional técnica e tecnológica estão sendo valorizadas, tendo em vista a ênfase na educação científica e humanística articulada às situações concretas das novas expressões produtivas locais e regionais, as quais demandam a criação de novos espaços e ferramentas culturais, sociais e educacionais.

O Grupo A, assim, alia sua experiência e seu amplo reconhecimento no mercado editorial à qualidade de ensino, pesquisa e extensão de uma instituição pública federal voltada ao desenvolvimento da ciência, inovação, tecnologia e cultura. O conjunto de obras que compõe a coleção produzida em parceria com o IFRS é parte de uma proposta de apoio educacional que busca ir além da compreensão da educação profissional e tecnológica como instrumentalizadora de pessoas para ocupações determinadas pelo mercado. O fundamento que permeia a construção de cada livro tem como princípio a noção de uma educação científica, investigativa e analítica, contextualizada em situações reais do mundo do trabalho.

Cada obra desta coleção apresenta capítulos desenvolvidos por professores e pesquisadores do IFRS cujo conhecimento científico e experiência docente vêm contribuir para uma formação profissional mais abrangente e flexível. Os resultados desse trabalho representam, portanto, um valioso apoio didático para os docentes da educação técnica e tecnológica, uma vez que a coleção foi construída com base em linguagem pedagógica e projeto gráfico inovadores. Por sua vez, os estudantes terão a oportunidade de interagir de forma dinâmica com textos que possibilitarão a compreensão teórico-científica e sua relação com a prática laboral.

Por fim, destacamos que a Série Tekne representa uma nova possibilidade de sistematização e produção do conhecimento nos espaços educativos, que contribuirá de forma decisiva para a supressão da lacuna do campo editorial na área específica da educação profissional técnica e tecnológica. Trata-se, portanto, do começo de um caminho que pretende levar à criação de infinitas possibilidades de formação profissional crítica com vistas aos avanços necessários às relações educacionais e de trabalho.

Clarice Monteiro Escott
Maria Cristina Caminha de Castilhos França
Coordenadoras da coleção Tekne/IFRS

Sumário

capítulo 1
Conceitos fundamentais 1
Linguagem e língua: diferenças e relações 2
Produção de sentidos e contingências na comunicação 4
    Contingências decorrentes de características da fala 6
    Contingências decorrentes de questões gramaticais 8
    Contingências decorrentes da falta de conhecimento sobre a escrita da língua 9
A importância da escrita 9
Gramática: um pouco de história 10
As diferentes concepções de gramática 12
    Gramática geral 12
    Gramática comparada 13
    Gramática histórica 14
    Gramática normativa 16
    Gramática descritiva 17
    Outras concepções de gramática 18
Diferentes situações, diferentes formas de se comunicar . 19
Atividades 22

capítulo 2
O papel social da língua 27
Introdução 28
Tradição gramatical *versus* variação linguística 30
A língua como ela é 33
A pesquisa sociolinguística 34
Língua e identidade 38
O papel das instituições de ensino diante da língua 39
Para encerrar: os papéis sociais e a língua 41
Atividades 43

capítulo 3
Interpretação e compreensão de textos 45
Que fatores estão envolvidos na compreensão de um texto? 46
O que é necessário para compreendermos um texto? 47
Como compreendemos um texto? 52
A leitura do ponto de vista 53
A leitura do que não foi escrito 57
Como construir um esquema textual? 61
Atividades 64

capítulo 4
O texto e os fatores de textualidade 67
Língua, sujeito e subjetividade 68
O texto 68
Como articular e dar unidade ao texto 70
    Os articuladores textuais 71
    A coesão textual 75
        A coesão sequencial 76
        A coesão referencial 81
    A coerência textual 84
Atividades 87

capítulo 5
O texto na prática: o resumo e a resenha 91
Resumo e resenha: diferenças e semelhanças 92
Sumarização de informações: dicas e técnicas 96
Atribuição de autoria: inserindo a voz do autor do texto original 99
Construção de opinião e posicionamento crítico 102
Organizadores textuais: encadeando o texto 105
Atividades 108

capítulo 6
Práticas de leitura e escrita a partir de gêneros profissionais 111
A eficácia comunicacional 112
    Qualidades de um bom texto 112
    Ruídos de comunicação 114
    Pontuação 116
        As pontuações de encerramento e os dois-pontos 116
        As aspas e o ponto-final 118
        A vírgula depois de parênteses ou travessões 118

A vírgula antes de "etc." 119
A formalidade e a informalidade da comunicação no trabalho 120
    Formas de tratamento 120
Gêneros textuais que circulam no mundo do trabalho .. 124
    Abaixo-assinado 125
    Ata 125
        Orientações gerais 126
        Orientações sobre o padrão antigo 127
        Orientações sobre o padrão moderno 127
    Atestado 128
    Bilhete 130
    Carta 130
        Número de expedição 131
        Local e data 131
        Destinatário e endereçamento 131
        Referência e assunto 131
        Vocativo 132
        Texto 132
        Assinatura, nome e cargo/função 132
        Anexos 132
    Circular 133
    Contrato 133
    Convocação 134
    Correio eletrônico (*e-mail*) 135
    Curriculum vitae 136
    Declaração 137
    Laudo 138
    Memorando 138
    Ofício 139
    Procuração 141
    Recibo 142
    Relatório 142
    Requerimento 144
    Torpedo 146
Síntese 146
Atividades 152

capítulo 7
Elaboração e apresentação de projetos 155
Definição de projeto 156
O perfil do pesquisador 156
Desenvolvimento do projeto 157
    Plano 158
    Concepção 158
        A formulação do problema 159
        A restrição do objeto e sua localização em um contexto mais amplo 159
        A especificação dos objetivos 161
    A definição das modalidades de pesquisa 162
        Quanto à natureza 162
        Quanto ao objetivo e ao grau do problema 163
        Quanto ao ambiente de coleta de dados 163
        Quanto ao controle para análise de dados 163
Normatização do projeto 164
Apresentação do projeto 167
    Planejamento 167
        Entre no clima 167
        Entenda quem é seu público 168
        Faça uma apresentação em PowerPoint® 168
    Preparação e apresentação 171
Atividades 172

Tânia Aiub
Darlene Webler

capítulo 1

Conceitos fundamentais

Qual é a diferença entre língua e linguagem? Por que nem sempre nossos interlocutores compreendem o sentido de uma mensagem que emitimos? Em que aspectos as modalidades oral e escrita da língua se distinguem? Devemos nos comunicar da mesma maneira em todas as ocasiões? O que é gramática e como ela nos ajuda a organizar as línguas? Neste capítulo, estudaremos as respostas dessas e de outras perguntas. Assim, será possível começar a entender o papel essencial da linguagem nas relações humanas.

Objetivos de aprendizagem

» Diferenciar e relacionar os conceitos de linguagem e língua.

» Discutir os tipos de contingências que podem ocorrer na comunicação de sentidos.

» Reconhecer as particularidades inerentes à forma oral e à forma escrita da língua.

» Nomear e explicar as diversas concepções de gramática.

» Avaliar as formas de comunicação mais apropriadas às diferentes situações sociais.

❯❯ Linguagem e língua: diferenças e relações

❯❯ PARA REFLETIR

O que distingue a linguagem da língua? E como esses dois conceitos se relacionam?

A **linguagem** caracteriza a potencialidade comunicativa dos seres. Representa, a um só tempo, as capacidades de desenvolvimento e de compreensão de uma língua e de tantas outras manifestações, como a pintura, a música e a dança. Diz-se que onde há comunicação, há uma expressão de linguagem.

Quando os sinais se organizam, formando um sistema, eles passam a constituir uma linguagem e sua correspondente forma de organização. O processo comunicativo consiste em duas instâncias básicas: a linguagem e as formas de representação, como sinais, símbolos, sons, gestos e regras com sinais convencionais (linguagem escrita e linguagem mímica).

Figura 1.1 O processo comunicativo consiste em duas instâncias básicas: a linguagem e as formas de representação, como sinais, símbolos, sons, gestos e regras com sinais convencionais.
Fonte: AdamGregor/iStock/Thinkstock.

A apropriação que o homem faz da realidade se realiza pela linguagem: por meio da linguagem o homem pode pensar o mundo e configurá-lo de diferentes modos. Ao longo da história, o homem foi elaborando diferentes modelos de interpretação e de explicação acerca do que é a realidade. Hoje é largamente aceita a ideia de que o que podemos conhecer do real é o que reproduzimos na linguagem.

Figura 1.2 Ao longo da história, o homem foi elaborando diferentes modelos de interpretação e de explicação acerca do que é a realidade.
Fonte: pkdirector/iStock/Thinkstock.

Já a **língua** é um conjunto organizado de elementos (sons e gestos) que possibilitam a comunicação. Ela surge em sociedade, e todos os grupos humanos desenvolvem sistemas com esse fim. As línguas podem se manifestar de forma oral ou gestual, como é o caso da língua brasileira de sinais (Libras).

A língua é um instrumento que se caracteriza pela produção de regras que possibilitam a comunicação entre os grupos de falantes. Ela possui, assim, um caráter social, por pertencer a um conjunto de sujeitos.

Ao dispor da linguagem e, especificamente, da língua, os homens têm, invariavelmente, a possibilidade de se comunicar. A linguagem tem uma propriedade intrínseca de articulação, não podendo ser somente uma sequência de sons ou de grafias. Para Auroux (1998, p. 30), "[...] o que caracteriza o elemento da linguagem é uma natureza funcional".

» DICA
É próprio da linguagem transpor-se para uma estrutura – a língua.

» DEFINIÇÃO
Dois conceitos relevantes para o estudo da linguagem e da língua são: **conhecimento linguístico**, que é a existência de uma consciência linguística, e **saber linguístico**, que é a existência de uma representação da linguagem e o manuseio da língua.

≫ Produção de sentidos e contingências na comunicação

≫ PARA REFLETIR

Que fatores podem causar mal-entendidos no processo de comunicação?

Maingueneau (2001) chama a atenção para a ideia de que cada enunciado seria portador de um **sentido** estável, aquele que lhe foi conferido pelo locutor. Este mesmo sentido seria decifrado por um receptor que dispõe do mesmo código (padrão linguístico), que fala a mesma língua. Segundo essa concepção de atividade linguística, o sentido estaria, de alguma forma, inscrito no enunciado, e sua compreensão dependeria essencialmente do conhecimento do léxico e da gramática da língua. Porém, segundo o autor,

> A reflexão contemporânea sobre a linguagem afastou-se dessa concepção de interpretação dos enunciados: o contexto não se encontra simplesmente ao redor de um enunciado que conteria um sentido parcialmente indeterminado que o destinatário precisaria apenas especificar. Com efeito, todo ato de enunciação é fundamentalmente assimétrico: a pessoa que interpreta o enunciado reconstrói seu sentido a partir de indicações presentes no enunciado produzido, mas nada garante que o que ela reconstrói coincida com as representações do enunciador. (MAINGUENEAU, 2001, p. 20).

Assim, assumir que um grupo de sujeitos possua um código comum que possibilite a comunicação – a língua – não significa que a natureza da linguagem humana seja redutível a esse código, de forma que esse grupo se comunique homogeneamente. De acordo com Auroux (1998, p. 41), "[...] nossa comunicação é contingente em um contexto contingente; ela é um elemento novo, não o conteúdo de um código que dispõe somente de mensagens preestabelecidas."

Ao detalhar a contingência da comunicação humana, Auroux menciona a **escrita**, enfatizando que esta é essencialmente a busca pela conservação e fixação dos sentidos. Trata-se de uma busca pela **literalização**. O literal é perseguido a fim de que a condição subjetiva de produção de sentidos, própria da relação estabelecida entre locutor e alocutário, seja linear. Contudo, uma característica necessária da transmissão de uma mensagem, do processo comunicativo, é que os sentidos podem se extraviar.

No entanto, mesmo nos mais confusos diálogos, alguma mensagem sempre chega ao seu destino. Então, é natural que o receptor da mensagem pergunte, como se pudesse ter uma resposta imediata:

1. O que ele disse?
2. Do que estava falando?
3. Por que resolveu dizer isso?
4. Por que disse da maneira que disse?

O espaço entre a emissão de uma mensagem e a sua recepção é intervalar, tensionado, suscetível às ressonâncias da ordem dos lugares sociais em que os sujeitos se encontram. Lugares diversos, devido a propriedades específicas que passam por várias questões, como o percurso histórico dos sujeitos envolvidos no espaço comunicativo e a formação linguística desses sujeitos.

>> CURIOSIDADE

Os estudos linguísticos frequentemente remontam ao modelo comunicacional postulado por Roman Jakobson. Esse modelo pressupõe que a linguagem humana se estrutura como um código, e que os sentidos a serem transmitidos podem ser previstos pelo emissor da mensagem. Isso significa que o entendimento do receptor deve ocorrer linearmente e que há, incondicionalmente, uma comunicação sem contingências.

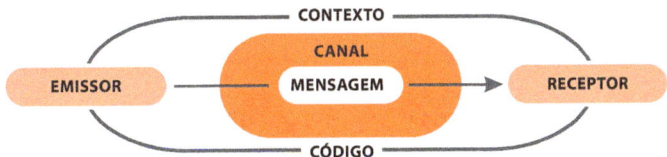

Figura 1.3 Modelo comunicacional de Roman Jakobson.
Fonte: Das autoras.

Apesar da contribuição e da expressividade dessa teoria para os estudos da linguagem, presumir uma comunicação direta e homogênea, em que os sentidos sejam os mesmos para o emissor e para o receptor, é uma falácia.

É perfeitamente plausível que o receptor seja incapaz de realizar as hipóteses que o emissor da mensagem sugere. Isso decorre de vários motivos, mas o principal deles é o fato de que ambos – emissor e receptor – são sujeitos que opinam, que divergem, que passaram por processos de formação distintos. Veja, como exemplo, o diálogo abaixo (A DUPLA..., c2006-2011).

A. O Obama é o novo presidente dos EUA.

B. Tás a gozar? Mas ele deitou as torres abaixo!

A. Err... Esse é o Osama.

B. Não. Isso é o que se diz nas missas.

A. Isso é Hossana... Ah desisto.

Contingências decorrentes de características da fala

Para entender melhor a questão dos mal-entendidos, vejamos o diálogo a seguir (A DUPLA..., c2006-2011).

> A. Gostas de manga?
>
> B. Não posso dizer que seja fã. Na verdade, como não sou pessoa de encomendar muitas coisas pela internet e grande parte do que encontro nas livrarias está traduzido em francês, língua que não falo, acabo por nem ler muito. Mas sou fã de anime; ainda por cima agora o AXN começou a dar aos fins-de-semana; é uma maravilha...
>
> A. Referia-me ao fruto...

No diálogo acima, o sujeito A inicia o diálogo com uma pergunta simples:

"Gostas de manga?"

Considerando a simplicidade do sentido pretendido, o emissor da mensagem presume a tão perseguida literalidade e a transparência de suas palavras. Todavia, o sujeito B não recebeu a mensagem na mesma "frequência" em que o sujeito A a emitiu. Disso, resultam várias considerações:

1. Estamos analisando um processo comunicativo entre dois sujeitos realizado na oralidade, e não na emissão de uma mensagem grafematizada, ou seja, a mensagem não é dependente da escrita. Caso o processo comunicativo entre os dois sujeitos estivesse ancorado no suporte escrito, a mensagem não sofreria com as contingências semânticas.

2. O sujeito A pode, no processo de comunicação oral, ter pronunciado a palavra "manga" com maior intensidade na segunda letra "a", produzindo oralmente o som que remete à palavra *"mangá"*. Isso é justificável pela dosagem maior ou menor de certas qualidades físicas que caracterizam os sons da fala humana, como a intensidade, isto é, a força expiratória da pronúncia, e a frequência com que vibram as cordas vocais. Portanto, o sujeito B teria entendido a seguinte mensagem:

"Gostas de mang(á)?"

3. *Mangá* remete a histórias em quadrinhos de origem japonesa. A palavra surgiu da junção de outros dois vocábulos: "man", que significa involuntário, e "gá", que significa imagem. Os *mangás* se diferenciam dos quadrinhos ocidentais não só por sua origem, mas principalmente por utilizarem uma representação gráfica completamente própria.

4. Conseguimos pressupor que o sujeito B entendeu que o sujeito A havia perguntado se ele gostava de *mangá*, em vez de manga (fruto), pela relação estabelecida com o vocábulo "*anime*", no terceiro quadrinho, visto que *anime* é a versão televisiva da história em quadrinhos, ou seja, do *mangá*.

Assim, no caso mencionado, entram em operação movimentos diversos que deslocam os sentidos iniciais possibilitados pelo sujeito que emitiu a mensagem, além de serem instauradas outras relações, como a alusão ao *anime*, referência ao ato de leitura restringido ao sujeito B. Veja a Figura 1.4.

> **Gostas de manga?**
>
> **Gostas de mang(á)?**
>
>
>
> [*Mangá* está disponível para compra na internet]
>
> [o sujeito B não compra muito pela internet]
>
> [o sujeito B efetua compras em livrarias]
>
> [livrarias vendem *mangás* traduzidos para o francês]
>
> [o sujeito B não fala francês]
>
> [o sujeito B não lê muito por ter poucas opções de *mangá* em língua materna]

Figura 1.4 Esquema das relações feitas pelo sujeito B ao receber a mensagem.
Fonte: Das autoras.

» Contingências decorrentes de questões gramaticais

Muito diferente teria sido se o sujeito B, no caso de a sonoridade da palavra "manga" ter sido expressa adequadamente pelo sujeito A, entendesse "manga" com o sentido de parte constitutiva da vestimenta. Essa seria uma interpretação completamente plausível, já que os vocábulos representam **homônimos perfeitos** (mesma grafia e som). Veja os exemplos a seguir:

I. A manga está no ponto.

II. A manga [da camisa] está na medida.

Neste caso, as possibilidades semânticas são expandidas. Nos termos dos exemplos analisados, Dominique Maingueneau (2001) chama esse processo de assimétrico, conceito mencionado anteriormente. Isso significa que há uma reconstrução do sentido por parte da pessoa que interpreta o enunciado a partir de indicações deste, mas não há garantias de que tal reconstrução vá ao encontro das representações do emissor.

O autor evidencia que o contexto de comunicação, nos termos de uma concepção gramatical de língua, desempenha papel periférico ao fornecer dados que subsidiem a diluição de eventuais equívocos e imprecisões. Todavia, este conceito de contexto como elemento periférico apenas é aceito quando a língua é tomada em sua literalidade. Veja os enunciados a seguir:

I. O filho dorme.

II. A criança dorme.

Os sentidos de I e II se centram no fato de o sujeito dormir. Trata-se de enunciados relativamente simples do ponto de vista da condição de produção de sentidos. Entretanto, o sujeito do verbo "dormir" não encontra correspondência diante de situações diversas de enunciação, já que o enunciado I pode se referir a um sujeito adulto ou a um adolescente, ao passo que, em II, o sujeito tem um referencial semântico mais restrito, pois o item lexical "criança" reduz as possibilidades interpretativas para a identificação do perfil do sujeito.

O que nos interessa, por ora, nesta interpretação, é que, se tomarmos os dois enunciados de uma perspectiva gramatical, estaremos trabalhando com correspondência estrutural, na medida em que há uma relação simétrica entre sujeito e predicado e que ambos os exemplos são constituídos por artigo definido + substantivo seguidos do verbo "dormir", que tem a mesma conjugação nos dois enunciados.

Contingências decorrentes da falta de conhecimento sobre a escrita da língua

Quando o mal-entendido não está no processo oral de comunicação, como no exemplo da manga, mas na falta de conhecimento linguístico da forma escrita da língua, não podemos considerá-lo um mal-entendido, mas um desconhecimento do padrão gráfico da língua corrente. Veja a reportagem reproduzida a seguir (GALILEU VESTIBULAR, c2006).

Lazer ou laser

Há algum tempo, quando o raio laser começou a fazer parte do que se costuma chamar de "vida moderna", determinado vestibular pediu aos candidatos que, na prova de redação, discutissem o que poderia mudar em nossa vida com o advento e a popularização dessa tecnologia. O tema do texto a ser elaborado era simplesmente "O laser".

Não foram poucos os que se puseram a escrever sobre a necessidade humana de descansar, de passar horas longe das preocupações, do trabalho e da correria do dia a dia. Uma letrinha traiu esses jovens, que confundiram "laser" com "lazer". Suponho que não seja necessário explicar o que é "lazer". Bem ou mal, muita gente tem alguma ideia do que seja "laser" (que se lê "lêizer"), mas nem todos sabem de onde vem essa palavra.

A importância da escrita

Como vimos na seção anterior, a falta de domínio da escrita pode resultar em graves equívocos no processo comunicativo. Além disso, pode acarretar problemas práticos e cotidianos, pois vivemos em uma sociedade grafematizada. Se não se sabe ler, não se pega um ônibus. Fazer coisas comuns do dia a dia depende da leitura de nomes, de sinais, o que mostra a importância do domínio da escrita.

A escrita é um fenômeno assinalável na história da humanidade. Sua invenção consistiu em integrar a linguagem humana ao universo dos signos gráficos. Assim, ela não é qualquer manifestação gráfica; ela aparece somente a partir do momento em que à representação gráfica se atribui o objetivo de representar a linguagem.

>> **DEFINIÇÃO**
Grafematização é um processo por meio do qual os seres humanos utilizam progressivamente elementos do meio externo para significar e comunicar, ou seja, é a invenção da escrita.

A escrita ultrapassa a capacidade memorial para estabelecer uma dimensionalidade e uma espacialidade que escapam às manifestações linguageiras ordinárias típicas da oralidade. Não somente é preciso que a língua oral seja representada na escrita para que um saber elaborado se construa a seu respeito, mas este saber torna visíveis regularidades não manifestas no imediatismo da fala.

Portanto, a língua escrita não é uma tradução da língua oral. Nem tudo o que se fala pode ser escrito. A língua oral, além das liberdades e variâncias que a formalidade da escrita não comporta, traz recursos para a comunicação que não são transpostos graficamente, como as entonações, os silêncios, as melodias.

>> CURIOSIDADE

Existem línguas que podem ser consideradas **ágrafas**. Elas não contam com uma forma de expressão escrita e dependem da expressão falada ou gestual. O Dicionário Houaiss (2009) define o vocábulo "ágrafo" da seguinte forma:

1. Não apresenta sinais gráficos

2. Não foi ou não está escrito

3. Não tem escrita

4. Diz-se de cultura, povo e língua que não têm registro escrito

Não se quer dizer que as línguas puramente orais (ágrafas) não tenham gramática, ou seja, regras e leis. Elas apenas não instrumentalizaram suas regras e nem as representaram como forma de saber linguístico.

>> Gramática: um pouco de história

>> **DEFINIÇÃO**
A gramática estabelece um saber linguístico que descreve as condições de funcionamento da língua.

Agora que já abordamos os conceitos de linguagem, língua e escrita, vamos entender como funciona o campo do conhecimento que organiza e estrutura esses aspectos.

Do latim *grammatìca,ae* e *grammatìce,es*, "a ciência gramatical", e do grego *grammatikê*, "a ciência ou a arte de ler e escrever", a **gramática** representa, em linhas gerais, um sistema de regulamentação ou de explicitação das regras de um determinado uso da língua, em um esforço para oferecer padrões linguísticos que contrastem com os de uso corrente de distintos grupos sociais, em diferentes épocas da história da humanidade.

De acordo com Antoine Meillet (apud CARBONI, 2008), a criação e o aprimoramento da escrita têm relação com a tomada de consciência da estrutura da língua (muitas vezes, mais empírica do que científica). Por exemplo, as escritas ideográficas (hieróglifos egípcios e primeiros símbolos sumérios, chineses ou maias) associaram signos distintos às palavras. As escritas alfabéticas, por sua vez, associaram símbolos ou letras aos fonemas.

> **» DICA**
> A língua portuguesa segue uma tradição essencialmente flexional de gramática. Nossa gramática se origina do grego e do latim.

Embora a reflexão sobre a linguagem não tenha um começo assinalável, muitos estudiosos optaram por buscar registros acerca da linguagem verbal antes mesmo de existir uma ciência da linguagem. Cabe atentar para o fato de os registros sobre as línguas faladas e escritas na Antiguidade estarem atravessados por visões filosófico-ideológicas. Devem ser considerados os distintos olhares teóricos dos autores e as circunstâncias de suas produções discursivas.

» NA HISTÓRIA

Considerando a história da organização gramatical ocidental, podemos pensar:

- Nos **sofistas**, que tomavam o estudo da língua como um fim.
- Nos **filósofos gregos**, para quem ela representava tão somente uma pista concreta para o desvendamento da atividade da linguagem.
- Nos **filósofos helenistas**, que a estudavam como um meio para se chegar a uma disciplina de uso da língua.

No período helenístico (aproximadamente de 300 a 30 a.C.), caracterizado pela valorização de questões culturais, havia uma preocupação em se transmitir o patrimônio literário grego, privilegiando-se o exame de grandes obras do passado. Neste contexto, surgiu a ***Téchné Grammatiké*** ("Arte da gramática"), considerada a primeira gramática da tradição ocidental, escrita por Dionísio de Trácio.

Nessa obra, a preocupação do autor se volta para o estudo e a sistematização da fonética e da morfologia do grego clássico, buscando o afastamento dos usos das chamadas "língua bárbaras". Conforme Moura Neves (2002, p. 50), "[...] a gramática surge, pois, como exposição e imposição de analogias. Assim, a analogia e, na sua contraparte, a anomalia presidem ao nascimento dos estudos gramaticais e caracterizam os dois centros da cultura helenística, Alexandria e Pérgamo, respectivamente."

É válido destacar que, na Idade Média, a essência dos estudos no campo da linguagem foi a gramática. Ainda que voltada para o latim clássico, a reflexão gramatical, nesse período, permitiu que a compreensão do funcionamento das línguas avançasse.

As diferentes concepções de gramática

Distintas concepções de gramática se desenvolveram ao longo do tempo. Algumas delas serão brevemente apresentadas a seguir, como a gramática geral, a gramática comparada, a gramática histórica, a gramática normativa e a gramática descritiva.

Gramática geral

A **gramática geral** tem suas raízes na Grécia Antiga. De acordo com Carboni (2008, p. 22), "[...] à medida que traduções de obras dos filósofos gregos conheciam uma maior divulgação, sob novas formas, voltava a ter força o antigo debate grego entre as duas visões de linguagem – linguagem natural (*psysei*) *versus* linguagem imposta pela convenção social (*thései*)".

A primeira corrente – linguagem natural – se associa à concepção segundo a qual as palavras são manifestações concretas das ideias, havendo uma relação intrínseca entre elas e seus referentes. Trata-se de uma concepção realista da linguagem como instrumento lógico, modelado a partir de um pensamento universal, que se manteve forte até os séculos XIX e XX. Santo Agostinho seguia essa concepção.

Platão defendia que as ideias é que constituem a verdadeira realidade; como tal, considerava que os conceitos universais têm realidade objetiva. Os realistas receberam esse nome porque acreditavam na realidade universal, independentemente do nosso pensamento. Segundo eles, os conceitos universais preexistem às coisas individuais e concretas.

Já para os nominalistas, entre os quais se inscreve Tomás de Aquino, as palavras não são coisas, mas somente os nomes das coisas, que se estabelecem por convenção. Sendo assim, o conhecimento deveria vir da experiência, dos sentidos, uma vez que não poderia existir uma concepção/ideia sem que uma experiência sensível a criasse. Nas palavras de Michel J. Loux (2006),

> Na Idade Média, o problema dos universais era de importância axial. Nominalistas como Abelardo e Ockham insistiam em que tudo o que existe é particular. Argumentavam que o discurso sobre universais é um discurso sobre certas expressões linguísticas – as expressões de aplicação geral – e procuraram fornecer uma explicação da semântica de termos gerais suficientemente rica para acolher a ideia de que os universais devem ser identificados com estes.

>>**IMPORTANTE**
As duas visões citadas por Carboni representam as concepções sobre a linguagem, respectivamente, dos chamados realistas – a partir de Platão – e dos nominalistas – a partir de Aristóteles.

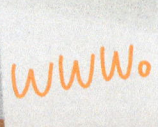

>>**NO SITE**
Para entender melhor a concepção platônica de mundo inteligível, acesse o Material Complementar do livro em loja.grupoa.com.br.

De acordo com Carboni (2008), é importante atentar para a divisão, a partir do século XII, entre uma gramática teórica (*grammatica speculativa*), voltada aos princípios universais da linguagem, e uma gramática mais prática (*grammatica positiva*), com vista a descrever as línguas particulares.

Além disso, a partir da segunda metade do século XIII, partindo de estudiosos da Universidade de Paris, consolidou-se uma vertente conhecida como **gramática universal**, segundo uma concepção de que todas as línguas obedecem a princípios gerais e lógicos, e, portanto, pressupõe-se uma conexão intrínseca entre linguagem verbal e realidade (CARBONI, 2008). Essa vertente embasou a elaboração da *Gramática Geral e Racionada de Port-Royal*, publicada na França em 1960 por Antoine Arnauld e Claude Lancelot. Os autores analisaram várias línguas em busca de princípios gerais e lógicos comuns a todas as línguas ou particulares a algumas. Ainda que se mostrasse lacunar, esta gramática trouxe grandes avanços ao pensar a linguagem em sua generalidade.

» Gramática comparada

A **gramática comparada** ou **comparativa** surgiu no fim de século XVIII e se desenvolveu plenamente na primeira metade do século seguinte. Seu foco de estudo não está na universalidade e na lógica da expressão verbal da língua, mas na transformação das línguas e na afinidade entre elas.

Essa concepção gramatical – também designada como **Linguística comparatista** ou **Linguística comparativista** – apresenta um método de indagação e um objeto próprios, o que constituiria o último estágio pré-saussuriano. Nas palavras de Benveniste (1902-1976 apud CARBONI, 2008, p. 25),

> [...] durante séculos, dos pré-socráticos aos estoicos e aos alexandrinos, e depois no Renascimento aristotélico, que estende o pensamento grego até o fim da Idade Média latina, a língua permaneceu objeto de especulação, não de observação.

Para alguns estudiosos das questões da língua, a gramática comparativa é apenas parte da Linguística histórica, o que se constitui em um equívoco. De fato, pelo seu método, há um viés histórico no tratamento da origem da linguagem, mas ele é distinto das especulações metafísicas acientíficas desenvolvidas anteriormente. A preocupação histórica dos comparatistas se evidencia pelas teorias genealógicas das línguas indo-europeias, cujo objetivo central não está na história da evolução das línguas, mas no estabelecimento do parentesco entre elas, conforme pontua Carboni (2008).

» IMPORTANTE
Os comparatistas se debruçam sobre uma genética comum entre duas línguas e priorizam a análise interna das línguas estudadas, ignorando suas histórias.

Para fins de ilustração, observemos a aplicação do método comparatista à fonética, à estrutura gramatical e ao léxico no exemplo a seguir:

- *Frater* (latim)
- *Brathar* (sânscrito)
- *Brother* (inglês)
- *Bruder* (alemão)

>> Gramática histórica

Para tratar da gramática histórica, é necessário pensar novamente na relação entre ela e a comparatista, apresentada anteriormente. O professor e pesquisador brasileiro Mattoso Câmara Jr. (1989) estabelece a seguinte distinção: a **gramática histórico-comparativa** se restringe à comparação das línguas umas com as outras para poder depreender origens comuns entre elas, ao passo que a **gramática histórica** privilegia o estudo das histórias das mudanças das línguas ao longo do tempo.

Com relação às épocas em que cada uma das vertentes se destacava, pesquisadores como Meillet e Saussure ressaltam dois períodos (CARBONI, 2008):

1. A década de 1860, dominada por um contexto científico de caráter comparatista.

2. Os anos subsequentes, caracterizados por preocupações mais históricas.

Um dos mais importantes filólogos brasileiros, Ismael de Lima Coutinho (1976, p. 13), define gramática histórica como "[...] a ciência que estuda os fatos de uma língua, no seu desenvolvimento sucessivo, desde a origem até a época atual." Coutinho chama a atenção para a questão de as transformações não ocorrerem por acaso ou por modismo, mas obedecerem a tendências naturais e a hábitos linguageiros (fonéticos) espontâneos, cuja constância e regularidade permitem ao gramático formular princípios e leis. O estudo desses princípios e leis se faz na gramática histórica.

Vejamos, no Quadro 1.1, um exemplo de morfologia histórica. O latim clássico era uma língua **sintética** (exprimia as funções sintáticas das palavras por meio de desinências), ao passo que o latim vulgar e as línguas românicas são **analíticas** (exprimem as funções sintáticas das palavras mediante a ordem destas no sintagma e pelo uso de elementos como artigos e preposições).

>> **IMPORTANTE**
A **gramática** ou **Linguística histórica**, que se pretendia essencialmente científica, "[...] defendia o estudo não da origem da linguagem, mas das transformações conhecidas pelas línguas, a partir da fase comum indo-europeia" (CARBONI, 2008, p. 31-32).

>> **DICA**
Segundo Coutinho (1976), a gramática histórica não se trata de uma ciência inteiramente autônoma, mas está subordinada à **glotologia** — ciência que estuda a origem e o desenvolvimento da linguagem, partindo, em especial, dos sons da voz humana.

Quadro 1.1 » Exemplo de morfologia histórica: latim clássico, latim vulgar e português

Latim clássico	Latim vulgar	Português
liber Petri	libru de Petru	o livro de Pedro

Considerando o quadro acima, podemos perceber que há um processo de evolução do **latim**, falado pelos romanos antigos, aproximadamente entre os séculos I a.C. e I d.C., na medida em que apresenta uma variação entre o **clássico** e o **vulgar** – modalidades usadas, respectivamente, na urbe por um grupo de pessoas escolarizadas e nos campos por camponeses, bem como soldados – , tanto de "liber" para "libru" e de "Petri" para "Petru" como o acréscimo de um elemento de ligação (preposição "de") entre os nomes (substantivos "liber" e "Petri"). Assim, tanto o vocabulário do latim vulgar quanto sua gramática se diferenciavam dos do latim clássico, e, com o passar do tempo, o uso provocava diferenças cada vez mais acentuadas em sua pronúncia. Já o **português** é uma língua derivada do latim, na região do Lácio. Esta era imposta pelos romanos aos povos conquistados, e, misturada a línguas destes, acabava por apresentar variações de pronúncia, incorporação de vocábulos e alterações gerais na estrutura gramatical.

A gramática histórica também se relaciona com a **gramática expositiva** ou **descritiva**, que será abordada mais adiante. A primeira, como vimos, ocupa-se dos estudos das línguas, remontando às suas origens, à sua formação, e busca explicar as transformações pelas quais essas línguas passaram na sua evolução no espaço e no tempo, enquanto a segunda se ocupa de uma língua no estado atual. Entre elas, podemos dizer que há uma relação de complementaridade.

Ao tratar do processo de gramaticalização brasileira do português em um movimento de ruptura com a tradição gramatical portuguesa, Guimarães (2004) traz para as discussões um dos mais importantes linguistas brasileiros do século XX: Manuel Said Ali, autor da *Gramática Histórica da Língua Portuguesa* (1921/1927) e da *Gramática Secundária da Língua Portuguesa* (1924). Nesta última, o linguista apresenta uma distinção, mas também faz uma relação, entre gramática histórica e descritiva:

> A gramática de uma língua pode ser histórica ou descritiva. Gramática histórica é aquela que estuda a evolução dos diversos fatos da língua desde a sua origem até a época presente. Gramática descritiva é a que expõe os fatos da língua atual. A gramática descritiva é prática quando tem principalmente em vista falar e escrever corretamente; é científica quando procura esclarecer vários fatos à luz da ciência da linguagem e da gramática histórica. (ALI, 1924, p. 15).

» DICA
Conforme Coutinho (1976), muitas vezes o que se apresenta para a gramática descritiva como uma irregularidade ou exceção pode ser explicado pelas leis da gramática histórica.

» Gramática normativa

» DICA
A língua oficial é a definição dada pela Organização das Nações Unidas para a Educação, a Ciência e a Cultura (UNESCO) à língua utilizada no quadro das diversas atividades oficiais (legislativas, executivas e judiciais) de um estado soberano ou território.

Considerando o ensino da língua nos ensinos fundamental e médio, a **gramática normativa** é a concepção que norteia a maior parte das orientações sobre o estudo da língua portuguesa no Brasil. Sua definição remete a falar e escrever corretamente a própria língua. Isso conduz, por sua vez, a levar em conta apenas o estudo dos fatos da língua padrão, da norma-padrão de uma língua, definida como a forma **oficial da língua**.

Trata-se de uma vertente gramatical que toma por base os fatos da língua na forma escrita, que adquire um *status* documental, em detrimento da variedade oral da norma culta. Dessa forma, prioriza a análise das estruturas e suas classificações e apresenta as regras do bem falar e escrever.

Alguns autores questionam a hegemonia da gramática normativa. Marcos Bagno (2008), por exemplo, faz uma crítica à desvinculação entre a norma-padrão e a norma culta oral. Segundo ele,

> [...] a norma-padrão é uma abstração de língua, um modelo idealizado baseado nos usos dos grandes escritores do passado e totalmente desvinculado da realidade contemporânea da língua. Por isso, existe um abismo largo e fundo entre a norma culta, ou seja, a língua realmente falada pelos brasileiros privilegiados, e a norma-padrão, que é um código enrijecido que se inspira em usos muito antigos e ultrapassados.

Já Lima (1987, p. 5-6), em sua *Gramática Normativa da Língua Portuguesa*, diz que a gramática normativa é "[...] uma disciplina, didática por excelência, que tem por finalidade codificar o *uso idiomático*, dele induzindo, por classificação e sistematização, as *normas* que, por determinada época, representam o ideal da expressão correta."

O autor destaca, na apresentação da obra, que, em matéria de bom uso da língua literária, os ensinamentos da gramática normativa são confirmados, em sua quase totalidade, pela lição dos prosadores e poetas, assegurando a continuidade histórica das formas verdadeiramente afinadas com o sentimento idiomático: "As regras da gramática normativa são fundamentadas a partir das obras dos grandes escritores, em cuja linguagem as classes ilustradas põem o seu ideal de perfeição, porque nela é que se espelha o que o uso idiomático estabilizou e consagrou." (LIMA, 1987, p. 6).

Ele se refere, em especial, aos autores modernistas de 1922, que manifestaram sua "rebeldia" à tradição gramatical do idioma e, décadas depois, teriam optado por não romper com o passado linguageiro – por exemplo, Mário de Andrade, que teria reconhecido que o movimento não passara de "boato falso".

> **PARA SABER MAIS**
>
> Para saber mais sobre o manifesto dos autores modernistas em 1922, visite a loja virtual do Grupo A (loja.grupoa.com.br) e acesse o Material Completar deste livro.

O gramático e membro da Academia das Ciências de Lisboa Evanildo Bechara argumenta no mesmo sentido de Rocha Lima. Cabe à gramática normativa, nas palavras dele, "[...] elencar os fatos recomendados como modelares da exemplaridade idiomática para serem utilizados em circunstâncias especiais do convívio social." (BECHARA, 2006, p. 14-15). Como não se trata de uma disciplina com finalidade científica, e sim pedagógica, seu caráter é de recomendar como se deve falar e escrever segundo o uso, baseando-se na "[...] autoridade dos escritores corretos e dos gramáticos e dicionaristas esclarecidos." (BECHARA, 2006, p. 14-15).

De qualquer forma, podemos dizer que, na atualidade, ainda que seja constantemente questionada e/ou refutada por estudiosos da língua e da linguagem, a vertente normativa se mantém bastante forte. Ela se divide em três partes:

Fonética e fonologia: estuda os fonemas e suas combinações e os caracteres prosódicos da fala, como o acento e a entonação.

Morfologia: estuda as formas, sua estrutura e sua classificação.

Sintaxe: estuda a construção das frases.

A organização usual das classes de palavras ou classes gramaticais, por exemplo (substantivo, adjetivo, verbo, pronome, numeral, artigo, advérbio, preposição, conjunção e interjeição) está inscrita no campo da morfologia.

> **IMPORTANTE**
> A gramática normativa, diferentemente das apresentadas anteriormente, preocupa-se, em especial, com a estrutura interna da língua, a constituição idiomática, as classificações e as funções, a fim de recomendar usos considerados "corretos" e evitar outros tidos como "errados" – lapsos, equívocos, etc.

>> Gramática descritiva

Considerando os modos e as condições de uso de uma língua, a **gramática descritiva** pode ser definida, em linhas gerais, como o estudo gramatical que registra e descreve determinada variedade de língua em uma abordagem sincrônica. De forma mais elaborada, Mattoso Câmara Jr. (1989, p. 11) postula que "[...] a gramática descritiva ou sincrônica é o estudo do mecanismo pelo qual uma dada língua funciona, em um dado momento (*syn-*, "reunião", *chrónos*, "tempo"), como meio de comunicação entre os seus falantes, e da análise da estrutura, ou configuração formal, que nesse momento a caracteriza."

> **DICA**
> Perini (2000) afirma que "língua portuguesa" é um termo que se aplica a diversas variedades facilmente diferenciáveis, sendo possível, por exemplo, diferenciar a fala de uma pessoa criada na cidade da de alguém criado no campo, assim como distinguir entre um texto escrito e uma transcrição literal de um texto falado.

No mesmo sentido, Bechara (2006, p. 15) afirma que cabe tão somente à gramática descritiva "[...] registrar como se diz numa língua funcional, numa determinada variedade que integra uma língua histórica: o português do Brasil; o português de Portugal; o português do século XVI ou do século XX; o português de uma comunidade urbana ou rural; o português de Eça de Queirós ou de Machado de Assis, e assim por diante."

No século XIX, a gramática descritiva, muitas vezes, foi definida como **gramática expositiva não normativa**. O termo pode ser encontrado na *Grammatica Historica de Lingua Portugueza* do ano de 1881, de Pacheco Silva, na *Grammatica de Lingua Portugueza* do ano de 1887, de Lameira de Andrade e na *Grammatica Descritiva* do ano de 1894, de Maximino Maciel, conforme aponta Guimarães (2004), observando um percurso de estudos do português brasileiro com a necessidade de demonstrar as diferenças em relação ao português falado e escrito em Portugal.

Para fins de comparação, pensemos, mais uma vez, nas classes de palavras, especificamente na definição de verbo. O Quadro 1.2 apresenta o que propõem, em linhas gerais, a gramática normativa e a gramática descritiva.

> **IMPORTANTE**
> Tendo em vista sua natureza científica, o estudo gramatical descritivo não se preocupa em estabelecer o que é certo ou errado no nível do saber idiomático, distintamente da gramática normativa. Trata-se de uma disciplina científica que registra e descreve um sistema linguístico homogêneo e unitário em todos os seus aspectos (fonético-fonológico, morfossintático e léxico), segundo um modelo teórico escolhido para descrição.

Quadro 1.2 » Definição de verbo segundo duas concepções distintas de gramática

Gramática normativa	Gramática descritiva
"[...] uma palavra de forma variável que exprime o que se passa, isto é, um acontecimento representado no tempo." (CUNHA; CINTRA, 2001, p. 378).	"[...] (a) verbos são palavras que variam em pessoa, tempo e número; (b) somente os verbos podem desempenhar a função de núcleo do predicado/NdP. Assim, verbo é toda palavra cujo radical pode coocorrer com os sufixos de modo-tempo e pessoa-número." (PERINI, 1995, p. 319).

» Outras concepções de gramática

A partir das diferentes concepções de estudos da língua, especialmente das gramáticas normativa e descritiva, outras propostas são apresentadas por gramáticos e linguistas brasileiros, recebendo denominações como:

Gramática funcional: sua principal tarefa é fazer correlações ricas entre forma e significado dentro do contexto global do discurso (BEAUGRANDE, 1993; NEVES, 2002).

Gramática de uso: no trabalho escolar, é relacionada à competência linguística internalizada do falante, incluindo os níveis fonológico, morfológico, sintático, semântico, pragmático e textual-discursivo.

Gramática reflexiva: também chamada de gramática em explicitação, seu conceito se refere mais ao processo do que aos resultados; representa as atividades que visam detectar a constituição do fundamento da língua.

Educação linguística: conjunto de atividades de ensino-aprendizagem, formais e informais, que levam uma pessoa a conhecer o maior número de recursos de sua língua e a ser capaz de usar tais recursos de maneira adequada para produzir os efeitos de sentido pretendidos (TRAVAGLIA, 1998).

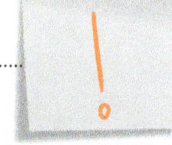

» IMPORTANTE

É importante salientar que a cada concepção de gramática subjaz um conceito de língua e de ensino de língua, cabendo aos que trabalham com a língua fazer opções teóricas e práticas no que diz respeito às concepções histórico-culturais que envolvem os estudos de língua/linguagem, aos percursos de ensino-aprendizagem e aos usos linguageiros em diferentes situações comunicativas, enunciativas e discursivas.

» Diferentes situações, diferentes formas de se comunicar

Como vimos até agora, a linguagem é um fenômeno social que se transpõe para códigos e estruturas – a língua – a fim de possibilitar a eficiente comunicação entre os sujeitos. Esse sistema é o efeito da transposição, já que o primeiro nível de funcionamento da linguagem como sistema social é a oralidade. Disso decorre o surgimento da escrita e dos estudos sobre a estrutura das línguas: as gramáticas e seus vários modos de interpretar a organização do sistema linguístico.

>> PARA REFLETIR

Se temos gramática, se a língua, na qualidade de estrutura, se instaura como norma, cujas regras passam a representar o polo da correção em relação a um presumido uso incorreto da língua, por que não conseguimos, por meio apenas do uso do código, transmitir sentidos, tal como Jakobson pretendia com seu esquema informacional?

A comunicação está relacionada com a situação que a criou e busca, sobretudo, colocar em relação o campo da língua (suscetível de ser estudado pela Linguística) e o campo da sociedade. Assim, em nossa comunicação diária, as normas da modalidade escrita nem sempre são colocadas em exercício, o que, por vezes, pode propiciar o surgimento de contingências na recepção da mensagem, embora isso não seja uma regra.

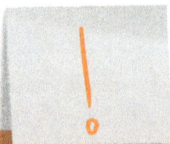

>> **IMPORTANTE**
A oralidade nem sempre agride o ato comunicativo quando opera um deslocamento em relação às normas cotejadas pela grafematização; contudo, é preciso ter sempre em vista que o lugar de falante deve se pautar sumariamente pela consideração das situações de comunicação.

Exemplo do distanciamento – nem sempre prejudicial – entre a fala e a modalidade escrita são as colocações pronominais, motivo de grandes dificuldades nas salas de aula. Veja os exemplos a seguir:

(a) Conta-**me** um bom caso policial!

(b) Dá-**me** justificativas suficientes!

Em contraponto ao modelo de colocação pronominal enclítica, o uso corrente da fala inverte a posição do pronome para uma posição proclítica:

(a)' **Me** conta um bom caso policial!

(b)' **Me** dá justificativas suficientes!

Alguns aspectos a serem considerados na escolha da forma de comunicação incluem:

- O que falamos/escrevemos?
- Com que objetivo emitimos a fala/escrita?
- Para quem falamos/escrevemos?
- Em que situação falamos/escrevemos?

Por mais que, em vista do que já foi dito até aqui, os sentidos deslizem no processo comunicativo e os sujeitos envolvidos sejam diferentes em suas formas de produzir sentidos, partimos, na qualidade de falantes/emissores de uma mensagem, de certa presunção de perfil dos nossos pares no processo dialógico. Por isso, nem toda comunicação é discricionária.

>> DICA
Entre "desidioso", "indolente" e "preguiçoso" não há variância semântica se desconsiderarmos a situação de comunicação, os sujeitos envolvidos.

Peguemos o exemplo do processo comunicativo no campo do discurso jurídico: o termo "desídia" é usado para predicar postura de negligência, de descuido. Contudo, no processo de comunicação que ocorre em campos discursivos menos formais, desídia pode ser substituído por "preguiça", "ociosidade". Principalmente no ambiente organizacional, é essencial que o emissor se comunique de forma apropriada e efetiva.

>> CURIOSIDADE

Você sabia que existe, no mundo profissional, o chamado ***marketing* de relacionamento**, que está diretamente ligado ao uso eficaz da linguagem?

Sim, pois a linguagem, como não poderia deixar de ser, está presente, com suas especificidades, na moderna comunicação profissional. Com efeito, uma **linguagem eficaz** é a primeira competência a ser desenvolvida pelos profissionais da nova era, sempre às voltas com o gerenciamento de informações e com a busca por soluções. Veja bem, estamos falando da eficácia da linguagem e de sua transposição para certas estruturas. Para Nascimento (2009, p. 179),

> [...] a ação de linguagem ocorre sob a forma de textos, orais ou escritos, construídos pela mobilização de recursos lexicais, sintáticos, ou outras unidades semióticas, cujo processo de constituição dos sentidos tem início no contexto que delimita as possibilidades de significação.

Então, resta-nos saber quais são as características dessa linguagem eficaz!

>> Atividades

Para responder às perguntas 1 e 2, leia o texto a seguir, uma adaptação de Bagno (2007).

A língua sem erros

Por Marcos Bagno

Nossa tradição escolar sempre desprezou a língua viva, falada no dia a dia, como se fosse toda errada, uma forma corrompida de falar "a língua de Camões". Havia (e há) a crença forte de que é missão da escola "consertar" a língua dos alunos, principalmente dos que vêm de grupos sociais desprestigiados, como a maioria dos que frequentam a escola pública. Com isso, abriu-se um abismo profundo entre a língua (e a cultura) própria dos alunos e a língua (e a cultura) própria da escola, uma instituição comprometida com os valores e as ideologias dominantes. Felizmente, nos últimos 20 e poucos anos, essa postura sofreu muitas críticas e cada vez mais se aceita que é preciso levar em conta o saber prévio dos estudantes, sua língua familiar e sua cultura característica, para, a partir daí, ampliar seu repertório linguístico e cultural.

Por isso, em vez de reprimir e proibir o uso, na escola, da linguagem dos jovens, há muito mais vantagens em dar espaço para ela em sala de aula, promover algum tipo de trabalho que tenha como objeto essa linguagem. Por exemplo, trazer para a sala de aula a produção escrita ou musical desses jovens – grafites, fanzines, raps –, examinar os traços linguísticos mais interessantes, os tipos de construção sintática mais frequentes, a pronúncia, o vocabulário, sem erguer barreiras preconceituosas contra as gírias e expressões consideradas "vulgares". Sugerir atividades lúdicas como "traduzir" um poema clássico para a linguagem dos guetos, das favelas, das periferias.

É urgente reconhecer que todas as formas de expressão são válidas e constituem a identidade individual e coletiva dos membros das múltiplas comunidades que compõem a nossa sociedade. Que a formação do cidadão também passa pela admissão, no convívio social, de todas as formas de falar e de escrever. Que é preciso levar o estudante a se apoderar de recursos linguísticos mais amplos, para que se possa inserir (se quiser) na cultura letrada, isso não deve passar pela supressão nem pela substituição de outros modos de falar, de amar e de ser.

1. Ao perguntarmos qual é a língua que se fala no Brasil, nos direcionamos a outra questão: comunicamo-nos oralmente por meio da mesma língua que usamos para escrever e ler? Discuta com seu colega a respeito do assunto a partir do que foi estudado neste capítulo.

2. Qual é a relação entre a língua falada cotidianamente e a chamada língua oficial?

Para responder às perguntas 3, 4, 5 e 6 leia o texto a seguir, de Ferreira Gullar (2007).

Estamos nas mãos deles

Por Ferreira Gullar

Estamos nas mãos deles. Se você mora no subúrbio e anda de ônibus, está nas mãos deles. Há o ônibus mais barato e o outro, com ar refrigerado, mais caro. O mais barato não vem nunca e você é obrigado a tomar o mais caro, com ar refrigerado, mesmo no inverno. O transporte urbano é uma concessão e a empresa que explora essa concessão tem obrigações que ela não cumpre e as autoridades fazem que não veem. Estamos nas mãos deles. Se você é idoso, está nas mãos deles. Já que existe uma lei que obriga, por exemplo, os supermercados a reservarem um caixa exclusivamente para os idosos, o gerente busca um modo de burlar a lei. É que ele quer subir na empresa e, para isso, vende a alma ao diabo. Fila exclusiva para idoso é mais um caixa, mais despesa. Então, num supermercado aqui de Copacabana, o gerente bolou uma saída: pôs uma placa dizendo que o idoso tem preferência em todos os caixas, ou seja, não tem em nenhum. Claro, qual é o idoso que tem coragem de passar na frente de 20 pessoas numa fila? A caixa especial para o idoso é lei, mas o supermercado não cumpre e fica por isso mesmo. É uma das razões por que digo: estamos todos nas mãos deles. Por exemplo, você paga um plano de saúde, que raramente usa, mas, como está nas mãos deles, sabe que, se um dia adoecer, morre na fila do SUS. Mas eis que, em determinado mês, o boleto de cobrança não vem e você, às voltas com mil problemas, não reparou. Aí então recebe um aviso de que está em débito e terá que pagar com multa sob pena de perder o plano de saúde. Pode? Eles não mandam o boleto de cobrança e quem paga a multa é você! É que estamos nas mãos deles, cara! Você assina televisão a cabo, paga por isso. No começo, a televisão a cabo não tinha anúncio, já que é paga por você, mas agora todas elas exibem publicidade. Você paga para ver propaganda? Não há nada a fazer, senão romper o contrato e deixar de assistir ao seu seriado predileto. Por isso, você não rompe e, contrariado, passa horas a ver publicidade que não deseja ver. Está nas mãos deles.

Outro dia, um amigo me contou: preparava-se para assistir, no Pan, à partida final da seleção brasileira de vôlei contra a seleção americana, e eis que a conexão se rompe. Surge na tela uma janela onde estava escrito: indisponível. Ele tentou mudar de canal. Desligou o equipamento, ligou de novo e o aviso continuava lá: indisponível. Depois de tudo tentar, decidiu ligar para o provedor. Atendeu uma voz feminina muito gentil que dizia: para resolver tal problema, disque um; para tal, disque dois, para aquele outro, disque três, e por aí foi: disque quatro, disque cinco, disque seis etc. Depois de ouvir pacientemente aquilo, discou o número que supunha corresponder à sua solicitação. Outra voz atendeu: para tal coisa, disque um; para tal, disque dois; para tal, disque três... e por aí foi. Ele discou um dos números indicados e aí começou outra voz a falar, mas agora fazendo propaganda da programação daquela empresa.

(Continua)

(Continuação)

Finalmente, uma voz de homem perguntou-lhe o que desejava. Ele explicou que surgira na tela a tal janela e que não conseguia conectar. A voz perguntou-lhe em que bairro morava e pediu um momento para verificar. Minutos depois, informou: caro cliente, não tenho condição de verificar o seu problema, terá que ligar de novo para ser atendido por outra pessoa. Sem nada entender, ligou de novo e mais uma vez passou por toda aquela tortura a que já tinha se submetido antes e quando, enfim, uma voz feminina o atendeu, respirou aliviado. Só que não havia motivo para alívio: a voz da moça informou-o de que ocorrera uma pane no sistema de reparos e por isso não podia atendê-lo.

– E eu faço o quê?, perguntou meu amigo.

– Não podemos fazer a conexão.

– Sim, e eu faço o quê?

– O senhor terá que esperar até que superemos o nosso problema.

– E isso deve demorar quanto tempo?

– Não sei informar, senhor.

Meu amigo, furioso, berrou que aquilo era um abuso, que ele pagava por aquele serviço, que ele ia perder o jogo do Brasil, mas de nada adiantou. É que estamos nas mãos dele, entendeu?

Contei essa história a outro amigo, que me falou:

– E eu, que estou inadimplente junto ao Banco Central por causa de um cheque de R$ 56!

– Mas como?

– Achando que tinha ainda R$ 100 na conta, paguei o jantar no restaurante com um cheque de R$ 56. Na conta só restavam R$ 30 e, embora nessa mesma conta houvesse uma aplicação de R$ 1.200, o gerente devolveu o cheque, que foi reapresentado pelo restaurante. Tornei-me inadimplente perante a nação brasileira, eu, que nunca recebi mensalão, num participei de valerioduto, nunca vendi vacas inexistentes, nunca me deixei subornar por bicheiros nem traficantes.

– É, amigo, estamos nas mãos deles.

3. É possível, a partir da leitura do texto "Estamos nas mãos deles", crer que existe uma linearidade entre os sentidos estabelecidos na comunicação entre locutor e alocutário? Ademais, podemos presumir que este sentido esteja codificado na estrutura linguística?

4. Que itens lexicais (vocábulos, expressões) e fragmentos do texto podem nos conduzir à reflexão sobre a contingência da comunicação nos termos de Auroux?

5. Analise o(s) sentido(s) que os pronomes "eles" e "deles" suscitam para a leitura do texto.

6. Discuta com seu grupo quais são os fatores que tornam ou tornariam a comunicação mais eficaz em seu ambiente de trabalho ou de estudo, lembrando que a análise deve passar pelo uso da língua – seja na modalidade oral ou escrita. Se estiver estudando individualmente, tente imaginar um ambiente de trabalho hipotético e liste alguns aspectos que favoreceriam a eficácia da comunicação.

REFERÊNCIAS

A DUPLA personalidade. [S. l.]: A Dupla Personalidade, c2006-2011. Disponível em: <www.aduplapersonalidade.blogspot.com>. Acesso em: 18 mar. 2015.
ALI, M. S. *Gramática secundária da língua portuguesa*. São Paulo: Melhoramentos, 1924.
AUROUX, S. *A filosofia da linguagem*. Campinas: Unicamp, 1998.
BAGNO, M. A língua sem erros. *Carta na Escola*, p. 66, jun./jul. 2007. Disponível em: <https://marcosbagno.files.wordpress.com/2013/08/a-lic281ngua-sem-erros.pdf>. Acesso em: 18 mar. 2015.
BAGNO, M. Preconceito linguístico. *Presença Pedagógica*, v. 14, n. 79, jan./fev. 2008.
BEAUGRANDE, R. *Introduction to the study of text and discourse*. Wien: Universitäts Verlag, 1993.
BECHARA, E. *Gramática escolar da língua portuguesa*. Rio de Janeiro: Lucerna, 2006.
CÂMARA JR., J. M. *Estrutura da língua portuguesa*. 19. ed. Petrópolis: Vozes, 1989.
CARBONI, F. *Introdução à linguística*. Belo Horizonte: Autêntica, 2008.
COUTINHO, I. de L. *Gramática histórica*: linguística e filologia. 7. ed. Rio de Janeiro: Ao Livro Técnico, 1976.
CUNHA, C.; CINTRA, L. *Nova gramática do português contemporâneo*. 3. ed. Rio de Janeiro: Nova Fronteira, 2001.
GALILEU VESTIBULAR. *O lazer e o laser*. São Paulo: Globo, c2006. Disponível em: <http://galileu.globo.com/vestibular2007/linguaport.html>. Acesso em: 18 mar. 2015.
GUIMARÃES, E. *História da semântica*: sujeito, sentido e gramática no Brasil. Campinas: Pontes, 2004.

GULLAR, F. Estamos nas mãos deles. *Folha de São Paulo*, 26 ago. 2007.

HOUAISS, A. *Dicionário Houaiss da língua portuguesa*. Rio de Janeiro: Objetiva, 2009.

LIMA, C. H. da R. *Gramática normativa da língua portuguesa*. 28. ed. Rio de Janeiro: José Olympio, 1987.

LOUX, M. J. *Nominalismo*. [S.l.]: Crítica, 2006. Disponível em: <http://criticanarede.com/met_nominalismo.html>. Acesso em: 18 mar. 2015.

MAINGUENEAU, D. *Análise de textos de comunicação*. São Paulo: Cortez, 2001.

NASCIMENTO, E. L. Gêneros escolares: das práticas de linguagem aos processos de desenvolvimento humano. In: FERNANDES, L. C. (Org.). *Interação*: práticas de linguagem. Londrina: EDUEL, 2009.

NEVES, M. H. de M. *A gramática*: história, teoria e análise, ensino. São Paulo: UNESP, 2002.

PERINI, M. A. *Gramática descritiva do português*. São Paulo: Ática, 1995.

PERINI, M. A. *Gramática descritiva do português*. 4. ed. São Paulo: Ática, 2000.

TRAVAGLIA, L. C. *Gramática e interação*. 4. ed. São Paulo: Cortez, 1998.

LEITURAS COMPLEMENTARES

GADET, F.; PÊCHEUX, M. *A língua inatingível*: o discurso na história da linguística. Campinas: Pontes, 2004.

WEBLER, D. Língua, linguagem e ensino: articulando aspectos sócio-históricos e culturais. In: TAGLIANI, D. C. (Org.). *MultiAção*: pensando o ensino da língua portuguesa. Jundiaí: Paco, 2012.

Aline Lorandi

capítulo 2

O papel social da língua

No Capítulo 1, estudamos os conceitos de linguagem e de língua. Há muitas formas de abordá-los, e uma delas é em relação à influência da língua nos papéis sociais e nas formas de organização da sociedade. Há importantes estudiosos, como Lev Vygotsky, que acreditam que a estrutura da língua que usamos influencia a forma como percebemos o mundo.

Assim, neste capítulo procuraremos entender como a língua pode influenciar nossa vida em sociedade e nossa percepção de sua organização. Abordaremos os fatores que podem interferir na maneira como falamos, a variação linguística, dicas para realizar uma pesquisa sociolinguística e a relação entre língua e identidade.

Objetivos de aprendizagem

- Explicar como a língua influencia os papéis sociais e, por consequência, a estruturação da sociedade.
- Citar exemplos de fatores linguísticos e extralinguísticos que explicam as variações da língua.
- Nomear os tipos de variação linguística, citando exemplos.
- Realizar uma pesquisa sociolinguística.
- Reconhecer a validade das diferentes manifestações e variedades linguísticas, desconstruindo preconceitos relacionados a essa questão.
- Compreender a relação entre língua e identidade.
- Discutir o papel das escolas no ensino da adequação da língua em contextos formais e informais.
- Diferenciar situações em que a variedade padrão da língua deve ser usada daquelas em que a variedade da comunidade de fala é mais apropriada.

>> Introdução

>> PARA REFLETIR

"A criança começa a perceber o mundo não apenas por meio de seus olhos, mas também por meio de sua fala." (VYGOTSKY, 2008, p. 23).

Lev Semyonovich Vygotsky nasceu em 1896 e faleceu em 1934. Mesmo em pouco tempo de vida, o psicólogo russo desenvolveu importantes teorias acerca da cognição humana, em que destaca a importância do convívio social da criança para o desenvolvimento de funções cognitivas superiores, como o raciocínio e a linguagem. Também falou sobre educação e a importância da "zona de desenvolvimento proximal", isto é, o espaço entre o que o aluno já desenvolveu e o que ele pode vir a desenvolver na fase em que se encontra, mediante o auxílio do professor.

Há muitas formas de se estudar a linguagem, e uma delas é em sua relação com a sociedade. Neste capítulo, abordaremos a **língua a partir de uma perspectiva social**, tema de interesse do campo da linguística, ciência que estuda os fenômenos ligados à linguagem e à língua. Enquanto a visão tradicional quer ditar como a língua *deve ser*, a linguística se preocupa em entender como a língua *é*.

>> DEFINIÇÃO

Segundo o linguista Mário Eduardo Martelotta e colaboradores (2008, p. 21),

> [...] a **linguística** tem como objeto de estudo a linguagem humana por meio da observação de sua manifestação oral ou escrita (ou gestual, no caso da língua dos sinais). Seu objetivo final é depreender os princípios fundamentais que regem essa capacidade exclusivamente humana de expressão por meio de línguas. Para atingir esse objetivo, os linguistas analisam como as línguas naturais se estruturam e funcionam. A investigação de diferentes aspectos das diversas línguas do mundo é o procedimento seguido para detectar as características da faculdade da linguagem. (grifo nosso).

A língua é uma forma de expressão humana por meio da qual comunicamos nossos pensamentos, emoções, intenções e conhecimentos a outros seres humanos. A maneira como nos comunicamos por meio da língua revela nossos **papéis sociais** e o que pensamos sobre eles, bem como os papéis que atribuímos aos demais.

Para entendermos melhor essas relações, vejamos a fala de uma aluna da 8ª série para sua professora de português, retirada do livro *Nós cheguemo na escola, e agora?*, da sociolinguista brasileira Stella Maris Bortoni-Ricardo:

> Professora, num diante ocê ensiná essas coisa pra nóis: nóis num aprende mermu porque lá em casa a gente falemu diferente e se nóis chegá lá falanu assim, todo mundo vai mangá de nóis, dizê que nóis fiquemu doido. (BORTONI-RICARDO, 2011, p. 28).

Tanto a forma quanto o conteúdo da fala da aluna nos mostram que ela se coloca em um papel social diferente do da professora, que ensina uma língua diferente da que ela e sua comunidade usam. As diferenças sociais marcadas pela língua têm sido parâmetro para as pessoas se identificarem com um grupo social ou outro. Por outro lado, infelizmente, algumas pessoas, em razão de diferenças sociais importantes relacionadas à língua, são alvo de preconceito e estigma.

Essas diferenças podem ser de ordem social, estilística ou até mesmo geográfica. Há diferenças relacionados a sexo, faixa etária, grau de escolarização, entre outras.

No Brasil, é fácil identificarmos por meio da fala moradores ou pessoas de outros estados. Também percebemos que nossos avós falavam gírias que não falamos mais. Essas mudanças que a língua sofre de acordo com fatores sociais são muito naturais. As línguas sempre mudaram; seu estado natural é a mudança, a variação. O que não é natural é pensar que a língua é um conjunto de formas estanques e presas a uma gramática que se baseia apenas em grandes nomes da literatura.

» NA HISTÓRIA

Uma das provas de que as línguas variam, mudam e se transformam é que a língua portuguesa também deriva de outra língua, que, por sua vez, transformou-se: o **latim**.

O latim é uma língua antiga, que hoje já não é mais utilizada ou falada por povo algum, a não ser em algumas situações (p. ex., nomes científicos ou missas especiais do Vaticano). Era falada em uma região chamada de Lácio, cuja capital era Roma. Devido à grande influência e às conquistas de terras e povos do Império Romano, o latim se tornou uma língua muito popular, falada em diversas regiões. Foi, naturalmente, se modificando conforme entrava em contato com outras línguas.

Os diferentes contatos entre as línguas levaram a diferentes modificações. As variações do latim clássico foram chamadas de latim vulgar. Do latim vulgar, derivaram muitas línguas, como o português, o espanhol, o francês, o italiano, o galego, o catalão e o romeno, todas faladas em diversas regiões do mundo até hoje.

❯❯ Agora é a sua vez!

Pergunte para seus avós ou para vizinhos mais velhos que expressões eles conhecem que não são mais utilizadas atualmente. Questione-os sobre os contextos em que elas eram utilizadas. Depois, divida esses conhecimentos com sua turma.

❯❯ Tradição gramatical *versus* variação linguística

❯❯ PARA REFLETIR

"Parece simples, mas não é. Os gramáticos mexem e remexem com as palavras da língua e estudam o comportamento delas, xingam-nas de nomes rebarbativos, mas não podem alterá-las. Quem altera as palavras, e as faz e desfaz, e esquece umas e inventa novas, é o dono da língua – o Povo. (LOBATO, 1934, p. 26).

Apesar da **tradição gramatical** inspirada em gramáticas latinas de cerca de dois mil anos atrás, na década de 1960 começaram a surgir os primeiros estudos sistemáticos da Linguística sobre a real estruturação da língua em relação aos aspectos sociais aos quais está associada.

O pesquisador americano William Labov foi o pioneiro nesses estudos. Investigando a fala de pessoas que frequentavam uma loja de departamentos em Nova York, ele descobriu que muitas características peculiares da fala daquelas pessoas podiam ser atribuídas a fatores sociais, como função profissional e idade.

>> CURIOSIDADE

William Labov é um linguista americano que, baseado na ideia de que a variação linguística não é caótica, mas sistemática, realizou dois grandes estudos, que fundaram a **sociolinguística** como ramo da linguística: *Estudos em Martha's Vineyard: manutenção da variante para marcar a identidade local* e *Estudos em Nova York: variação de acordo com estratificação estilística*.

A partir dos estudos de Labov (2008), surgiram diversos estudos que mostraram como não apenas fatores linguísticos, mas também fatores extralinguísticos (sociais), podem provocar **variação** e **mudança** na língua. A definição de fatores linguísticos e extralinguísticos é um dos grandes diferenciais da sociolinguística, pois representa a relação entre língua e sociedade. Abaixo, apresentamos exemplos de fatores linguísticos e extralinguísticos que podem explicar a variação linguística.

- **Exemplos de fatores linguísticos:** acento (sílaba mais forte da palavra), posição da sílaba na palavra (início, meio ou fim), consoante precedente/seguinte (para variáveis fonológicas), posição em relação ao sujeito, classe gramatical, tipo de sujeito (para variáveis sintáticas, morfológicas) e saliência fônica.

- **Exemplos de fatores extralinguísticos:** classe socioeconômica, sexo, idade, grau de escolaridade, origem geográfica, mercado de trabalho e grau de formalidade do registro (grau de monitoramento).

Quando assistimos a programas de televisão, como novelas ou programas de auditório, é muito comum ouvirmos outros sotaques. Falamos do chiado carioca ou do "r" caipira. Essas marcas de fala são determinadas justamente pelo lugar de onde as pessoas provêm; são características de sua **comunidade de fala**. Além disso, é comum, ao ouvirmos pessoas muito mais novas conversando, não entendermos alguns termos. Isso ocorre porque eles são marcas características da fala de um determinado grupo, mas não do nosso. Também é frequente mudarmos a forma como falamos de acordo com o cargo que assumimos em uma empresa. Todos esses exemplos envolvem tipos de variação linguística (veja os Quadros 2.1 e 2.2).

> **>> IMPORTANTE**
> A forma como falamos nos destaca e nos insere em grupos, de acordo com o lugar em que nascemos, com nosso grau de escolaridade, com nossa idade, com nosso sexo e com o contexto em que nos encontramos nas mais diferentes situações comunicativas. Esses fatores podem ser responsáveis pelas mudanças que a língua sofre com o passar do tempo.

Quadro 2.1 » Tipos de variação linguística e exemplos

Tipo de variação	Exemplos
Variação fonético-fonológica	Chiado carioca, "r" "caipira", "r" "forte" dos gaúchos
Variação morfológica	"Tu foi" *versus* "Tu foste" *versus* "Você foi"
Variação sintática	"Eram dois rapazes" *versus* "Era dois rapaz"
Variação lexical	Cacetinho *versus* Pão francês Mexerica *versus* Bergamota
Variação estilístico-pragmática	Estilos mais ou menos formais, de acordo com a situação

Os tipos de variação também podem ser classificados de acordo com a forma como ela ocorre. Mais importante do que saber os nomes dos diferentes tipos é saber reconhecer as diferenças. Veja o Quadro 2.2.

Quadro 2.2 » Tipos de variação linguística e a que cada uma se refere

Tipo de variação	A que se refere
Variação diatópica	Modos de falar de lugares diferentes
Variação diastrástica	Modos de falar de classes sociais diferentes
Variação diamésica	Comparação entre língua falada e língua escrita
Variação diafásica	Comparação entre graus de monitoramento (variação estilística)
Variação diacrônica	Comparação entre diferentes etapas históricas de uma língua

>> Agora é a sua vez!

Ao assistir a programas de televisão ou mesmo ao entrar em contato com pessoas de estados ou regiões diferentes da sua, procure reparar nas diferenças da fala dessas pessoas em relação à sua. Anote as diferenças e discuta suas observações sociolinguísticas com sua turma.

>> A língua como ela é

>> PARA REFLETIR

Você acha que pessoas de seu convívio falam seguindo as normas da tradição escrita?

É essencial entendermos que a língua é um importante instrumento para expressar ideias, convencer pessoas, vender produtos, veicular informações, argumentar, trocar conhecimentos, conversar, revelar, ludibriar, encantar, ensinar, etc. Quanto maior for o conhecimento de uma pessoa sobre como usar a língua para alcançar seus objetivos, mais facilmente ela os atingirá.

>> IMPORTANTE

É necessário investirmos no conhecimento sobre o **uso eficiente da língua** (tanto a falada como a escrita) para que saibamos identificar e fazer bom uso das informações que recebemos, entendendo seu valor e o que elas realmente significam. Privar as pessoas de entender a riqueza da língua como fenômeno social é negar-lhes as oportunidades de usar a língua e de pensar sobre ela nas mais variadas situações sociais.

Infelizmente, a falta de conhecimento sobre o funcionamento da língua como fenômeno social e o grande apego de algumas instituições de ensino à tradição gramatical (de mais de dois mil anos!) têm levado a alguns equívocos que conduzem ao preconceito. Algumas pessoas são estigmatizadas e discriminadas ao demonstrar certas características de fala, especialmente se estas forem consideradas marcas de um falar de pouco prestígio, geralmente relacionado a baixa escolarização.

Há uma confusão, perpetuada por essa tradição gramatical, que nos levou a acreditar que devemos falar como escrevemos e que devemos escrever assim como prescrevem as regras gramaticais provindas da tradição literária escrita. Isso é um grande equívoco, visto que a fala, na história da humanidade, é muito anterior à escrita e, portanto, não há motivos para falarmos como escrevemos.

O que os estudos da área da Linguística têm mostrado é que as pessoas discriminadas por características da fala também têm conhecimento da língua e que a variação de seu falar em relação ao de outras pessoas é estruturado. Nada é caótico na língua! Para superarmos a noção de aparente caos na variação linguística, vejamos como é feita uma pesquisa sociolinguística.

» A pesquisa sociolinguística

> **» DICA**
> Fernando Tarallo (2002), importante sociolinguista brasileiro, diz que a função do pesquisador sociolinguista é descobrir a sistematicidade do "caos" que a variação linguística aparenta representar.

Relacionemos a **pesquisa sociolinguística** a um jogo de futebol. Nesse caso, o pesquisador é o juiz. Como times adversários, temos as **variantes**, que são as formas em competição na língua, usadas por um ou por outro grupo de pessoas, dependendo de uma série de **variáveis**.

Cabe ao juiz apresentar, definir e caracterizar cada um dos concorrentes, bem como explorar as habilidades de cada um e avaliar os contextos mais favoráveis à derrota de um e à vitória de outro. Os fatores determinantes para a vitória ou para a derrota de cada um dos adversários podem ser de ordem linguística ou extralinguística, visto que, em pesquisas sociolinguísticas, nosso ponto de vista é o da língua em relação com a sociedade. Vejamos, na Figura 2.1, um esquema de como funciona essa analogia.

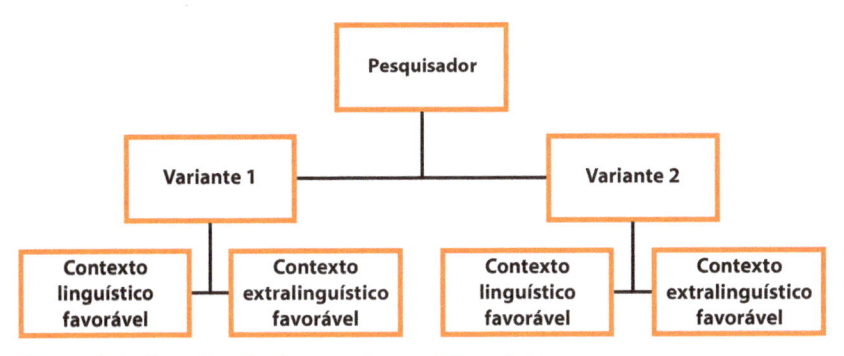

Figura 2.1 Organização da pesquisa sociolinguística.
Fonte: Da autora.

Quando falamos em variação e em variantes concorrentes, estamos nos referindo a duas (ou mais) formas na língua que têm o mesmo significado, como acontece com o caso do uso de "tu" e "você" (pronome de 2ª pessoa do singular). Em algum momento da história da língua, é possível que apenas uma delas continue sendo usada. Nesse caso, falamos em "mudança".

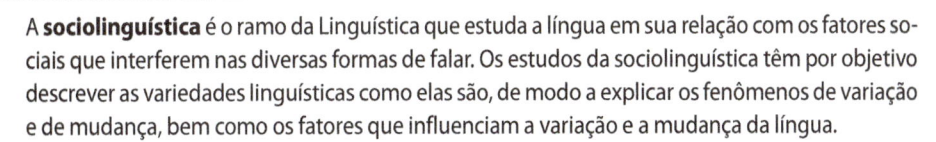

>> DEFINIÇÃO

A **sociolinguística** é o ramo da Linguística que estuda a língua em sua relação com os fatores sociais que interferem nas diversas formas de falar. Os estudos da sociolinguística têm por objetivo descrever as variedades linguísticas como elas são, de modo a explicar os fenômenos de variação e de mudança, bem como os fatores que influenciam a variação e a mudança da língua.

É claro que nem tudo o que varia na língua acaba mudando. Porém, todas as mudanças pressupõem um período de variação entre, pelo menos, duas formas concorrentes na língua.

Para fazermos uma pesquisa sociolinguística, precisamos ter acesso à fala ou à escrita das pessoas que serão os informantes. No primeiro caso, o objetivo é conseguir a fala mais informal e natural possível. Se não obtivermos uma fala informal e despreocupada, não obteremos o vernáculo do falante, ou seja, sua verdadeira fala, que demonstra as características das suas variedades linguísticas. Veja a Figura 2.2.

Figura 2.2 Processo de coleta de dados para uma pesquisa sociolinguística.
Fonte: Da autora.

> **DICA**
> A maneira ideal de se conseguir dados de fala para uma análise sociolinguística é por meio de **narrativas de experiência pessoal**, em que o pesquisador faz perguntas ao seu entrevistado de forma descontraída, levando a pessoa a se envolver de tal modo com *o que* está falando que não fique prestando atenção à forma *como* está falando.

Algumas dicas para uma boa entrevista são:

- Evitar perguntas cujas respostas sejam "sim" ou "não" (p. ex., "Você gosta de futebol?"). Em vez disso, podemos perguntar algo como: "Muitos brasileiros são fanáticos por futebol, o que você acha disso? Fale sobre seus gostos".

- Aproveitar situações de narrativas de experiência pessoal, em que a pessoa fale sobre suas vivências.

- Não avisar ao entrevistado que a pesquisa é sobre a língua ou o modo de falar, pois assim ele monitoraria sua fala, o que impediria a obtenção de seu vernáculo.

- Pedir permissão para gravar a fala. Sempre informar o entrevistado de que ele está livre para pedir a inutilização da gravação.

- Ajustar seu próprio comportamento social e linguístico ao grupo/comunidade da pessoa entrevistada.

- Se a pessoa entrevistada for de uma comunidade diferente da sua, procurar entrar na comunidade por meio de terceiros, pessoas conhecidas na comunidade.

- Utilizar critérios de amostragem aleatória, de forma que não seja possível escolher os informantes para a pesquisa.

- Buscar ter uma amostra realmente representativa da comunidade (p. ex., selecionar o mesmo número de homens e mulheres, de idosos e de jovens, de pessoas da zona urbana e da zona rural, – claro, sempre levando em conta o que está sendo avaliado no estudo).

- Estabelecer critérios rígidos para a seleção de informantes (p. ex., se estamos investigando o falar de uma determinada área da cidade, temos de ter o cuidado de não incluir entre os informantes alguém que tenha recém se mudado para aquela comunidade).

- Adequar o tipo de entrevista ao fenômeno em estudo para que seja possível encontrar dados para análise (p. ex., se queremos perceber como as pessoas produzem o "r" em palavras como "porta" e "carta", temos de elaborar uma entrevista que propicie a produção destas palavras e de outras com a mesma característica - neste caso, o "r" no final das sílabas).

- De preferência, não identificar os participantes na pesquisa. Procuramos utilizar formas de identificação que não revelem quem é a pessoa que entrevistamos, de forma a preservar sua privacidade.

Veja, a seguir, um exemplo de pesquisa na área sociolinguística.

» EXEMPLO

Marta Scherre e Julius Naro, outros dois importantes sociolinguistas brasileiros, têm desenvolvido, ao longo de mais de 30 anos, estudos sobre concordância verbal. Tais estudos (SCHERRE; NARO, 1998), entretanto, não tomam a concordância verbal assim como a conhecemos pelas gramáticas tradicionais. Eles a estudam a partir da fala das pessoas.

Existe um banco de dados de fala chamado de NURC (Projeto da Norma Urbana Oral Culta do Rio de Janeiro), no qual constam gravações de entrevistas feitas com diversas pessoas, de diversas idades. Após analisarem muitos dados de fala, os autores chegaram a alguns fatores que parecem motivar a concordância ou a não concordância verbal. Para ficar um pouco mais claro, vejamos um exemplo:

Concordância verbal: "Chegaram as encomendas".

Não concordância verbal: "Chegou as encomendas".

É muito comum, em uma fala despreocupada, falarmos como no segundo exemplo. Inclusive pessoas com muito estudo falam dessa forma, talvez sem notar. A questão é que ninguém fala de acordo com a gramática normativa o tempo todo, independentemente de seu grau de escolaridade.

Esses sociolinguistas chegaram à conclusão de que, por exemplo, se o verbo no plural e no singular são muito parecidos, há uma tendência maior em não haver concordância do que se as formas singular e plural do verbo são muito diferentes. É o que chamamos de **saliência fônica**. Vejamos:

Verbos com pouca saliência fônica: "Eram muitos livros para eu carregar." / "Era muito bom estar na escola." – "Eram" (plural) e "era" (singular), em termos de sons da fala, diferenciam-se apenas por uma nasalização (representada na escrita pela letra "m"). Sua pronúncia é praticamente igual.

Verbos com muita saliência fônica: "Eles fizeram um bom trabalho." / "Ele fez um bom trabalho." – Entre "fizeram" (plural) e "fez" (singular), em termos de sons da fala, há mais diferenças.

Outro fator que influencia a não concordância é a posição do sujeito em relação ao verbo. Segundo esses autores, se o sujeito está depois do verbo, há mais chances de não haver concordância. Isso significa dizer que, em uma frase como "Chegaram as encomendas" (verbo + sujeito), há maior probabilidade de as pessoas realizarem o verbo no singular, produzindo "Chegou as encomendas", do que se o sujeito "as encomendas" estiver antes do verbo: "As encomendas chegaram" (sujeito + verbo).

>> **IMPORTANTE**
Ao conseguirmos justificar, por meio de pesquisas, por que ocorrem certas variações na língua e demonstrar que as crianças apresentam o mesmo comportamento verbal, entendemos que a variação não é aleatória ou caótica e que falamos de acordo com as regras de funcionamento da fala da comunidade em que estamos inseridos.

Gregory Guy e Ana Zilles, estudiosos do assunto, encontraram influência de gênero e de faixa etária nos fatores de concordância e não concordância verbal. E em uma pesquisa realizada com crianças de 5 e de 8 anos, também encontramos as mesmas variáveis interferindo na não concordância verbal, como posição do sujeito e saliência fônica. As crianças, desde pequenas (uma delas, inclusive, nem alfabetizada era), pareciam já ter entendido o funcionamento das regras para a concordância verbal da fala (LORANDI, 2013).

Estudos realizados com crianças também revelam que é mais provável que elas realizem produções mais formais quando estão em situações de "instrução formal" do que quando estão brincando livremente. Isso nos mostra que há preferências de estilo na fala mesmo em crianças pequenas.

O fato de entender o funcionamento da língua desde pequena mostra que a criança, ao chegar à escola, por exemplo, já traz consigo muitos conhecimentos sobre sua língua. Ninguém é uma folha em branco antes de iniciar a escolarização. Tampouco as pessoas que nunca foram à escola o são. A fala sem instrução formal também carrega consigo muitas formas de se verificar o conhecimento linguístico de uma pessoa.

>> **PARA REFLETIR**

O estudo da sociolinguística em sala de aula é muito importante, visto que permite que professores e alunos possam discutir sobre os fenômenos da língua de modo a entendê-los e a respeitar as diferenças. Contudo, também permite que entendamos que o papel da escola continua sendo o de ensinar a variedade que o aluno ainda não domina, a norma padrão, que será exigida na sua vida profissional.

>> Língua e identidade

>> **PARA REFLETIR**

Por que o português brasileiro é tão diferente do português de Portugal?

Há outro aspecto muito importante a se considerar quando abordamos a língua em sua perspectiva social: a questão da **identidade**. A maioria dos brasileiros se identifica com futebol, tem seu time preferido, vai à praia, encanta-se com o carnaval e é bastante comunicativa e calorosa em suas relações. O povo brasileiro costuma ser identificado por todas essas características.

Mas não é só pelo futebol, pelo carnaval ou pelo gosto pela praia que o povo brasileiro pode ser identificado. Falamos a "língua brasileira"! Uma língua portuguesa muito diferente da língua falada em Portugal ou em qualquer outro país que tenha o português como língua oficial, como Moçambique ou Cabo Verde.

Somos um país muito grande em extensão e em variedade de culturas. Cada uma dessas culturas carrega como traço de identidade suas características de fala. Podemos diferenciar, mesmo sem estudar Linguística, um gaúcho, um carioca ou um baiano. Basta ouvi-los falar. E isso também é parte de sua identidade.

Retomando o exemplo dado no início do capítulo, a fala da aluna da 8ª série também denota um tipo de identidade: "lá em casa a gente falemu diferente". Identificar-se com o modo de falar deveria ser natural e bonito para todos. Mas algumas pessoas, seja pela discriminação que se acostumaram a sofrer ou pelo costume de ouvir que "não sabem falar português", não sentem orgulho de falar como falam, ainda que se identifiquem com esse falar.

> **» IMPORTANTE**
> Faz parte de uma educação linguística entender que, embora seja necessário esforço para se comunicar de todas as maneiras, a fim de se adequar às mais variadas situações comunicativas, é importante, ao mesmo tempo, respeitar todas as formas de falar.

» O papel das instituições de ensino diante da língua

É preciso ter em mente que o papel da escola é, sim, ensinar uma língua entendida como "padrão". Não faria sentido a escola ensinar uma forma de falar que as pessoas já conhecem e trazem de casa. Dessa forma, é dever da escola ensinar a variedade padrão da língua, de modo que as pessoas possam utilizá-la nos contextos em que for exigida. O que os estudiosos de uma educação linguística propõem é o respeito aos diversos falares. E a respeito todos têm direito – disso ninguém discorda.

>> IMPORTANTE

A aprendizagem da norma culta deve significar uma ampliação da competência linguística e comunicativa do aluno, que deverá aprender a empregar uma variedade ou outra, de acordo com as circunstâncias, como nos lembra a autora Stella Maris Bortoni-Ricardo (2011). Uma vez que há contextos formais e informais de interação social, professores e alunos devem reconhecer quando é apropriado usar cada variedade.

> **>> DICA**
> A adequação da variedade linguística é um ponto importante tanto para a forma falada quanto para a forma escrita da língua.

Com relação aos diferentes contextos com os quais nos deparamos, façamos uma analogia com o vestuário: usamos determinadas roupas para situações formais e outras para situações informais. Por exemplo, ninguém vai a um baile com roupas de banho ou à praia usando vestido de gala. Há contextos em que roupas de banho são apropriadas e outros em que não são. E o mesmo vale para o vestido de gala, por mais bonito que seja!

Para o uso da língua em suas diversas modalidades também existem essas "regras de interação". Em contextos informais de fala (p. ex., com amigos, parentes ou no intervalo entre as aulas), não há motivo para se usar a variedade padrão da língua. Todavia, utilizar outras variedades que não a padrão em apresentações de trabalhos ou em uma entrevista de emprego não é adequado.

Um equívoco decorrente dos estudos sobre as variedades de fala é o entendimento de que variação ocorre somente na fala. Assim como existem contextos formais e informais para a fala, também existem contextos formais e informais para a escrita.

A escrita de um *blog*, por exemplo, será menos formal do que a escrita de um artigo científico. Uma resenha crítica, por sua vez, poderá mesclar momentos de escrita mais formais com outros um pouco menos formais, enquanto uma postagem em rede social apresentará um tom de informalidade; se não for assim, parecerá estranha, inadequada. E adequação é um aspecto de extrema importância em um texto. O Quadro 2.3 resume os aspectos relativos ao uso de determinada variedade em cada situação.

Quadro 2.3 >> Variedades de uso da língua em diferentes situações

Situações formais	Língua padrão	Redações escolares, trabalhos acadêmicos, redações oficiais, apresentações orais de trabalhos, entrevistas de emprego, palestras, cartas ou *e-mails* para pessoas com quem se tem pouca intimidade, etc.
Situações informais	Variedade da comunidade de fala, com uso de expressões do indivíduo ou de seu grupo	Contatos com amigos e familiares, postagens em *blogs* e em redes sociais, diários, cartas e *e-mails* pessoais – ou seja, para pessoas com quem se tem intimidade –, espaços de interação extraescolar, bilhetes, encontros para descontração, etc.

Agora é a sua vez!

Reúnam-se em grupos de quatro pessoas e escolham um tema. Em seguida, cada um deve construir um texto diferente sobre o assunto: um artigo de opinião para um jornal da cidade, uma postagem em um *blog*, uma reportagem e um folheto informativo. Conversem sobre o nível de formalidade mais adequado para cada situação e explorem os recursos linguísticos mais interessantes para cada estilo.

Quando os textos estiverem prontos, cada um deve ler o seu para os outros integrantes. Discutam as diferenças verificadas na escrita no que diz respeito ao nível de formalidade do estilo do texto.

Para encerrar: os papéis sociais e a língua

Uma vez que a língua atua como um dos fatores da **estruturação social**, atribuindo papéis por meio do nível de formalidade investido em cada situação comunicativa, é preciso ter em mente que, quanto maior for nosso conhecimento e nosso repertório linguístico, mais eficiente seremos em nossas habilidades comunicativas.

Bons estudiosos e cidadãos conscientes têm o dever de utilizar seu conhecimento sobre a língua como fenômeno social para disseminar o respeito pelas diversas variedades, no sentido de que não há nada que possa determinar qual delas é a melhor ou a mais bonita. Elas são apenas mais ou menos adequadas para as diversas situações comunicativas que se apresentam em nossas vidas.

Imagine tentar ensinar inglês a um japonês criticando a língua materna deste o tempo todo. Esse aprendiz vai ficar desestimulado ao longo dos anos de estudo de inglês, ou então vai acabar assimilando o equívoco de que sua língua é pior ou menos aceita do que a língua que está aprendendo. O bom professor respeita o conhecimento que seu aluno tem de japonês e o aproveita para ensinar inglês, fazendo relações entre o que o aluno já sabe e o que ele está ensinando.

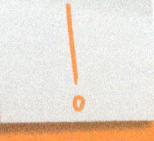

> **» IMPORTANTE**
> Além de estruturar papéis sociais, a língua também constitui um *meio de produção e de transmissão de conhecimento*.

> **» IMPORTANTE**
> Em nosso país, em nosso estado, em nossa cidade e em nossa escola, devemos entender as diversas variedades existentes da seguinte forma: todas são merecedoras de espaço e de respeito, passíveis de utilização nos momentos propícios e adequados a cada um deles.

>> PARA REFLETIR

Leia o poema de Carlos Drummond de Andrade (1974) e reflita: qual é o "outro" português? Após chegar a uma conclusão, discuta com seus colegas, demonstrando seu ponto de vista.

Aula de português

A linguagem

na ponta da língua,

tão fácil de falar

e de entender.

A linguagem

na superfície estrelada de letras,

sabe lá o que ela quer dizer?

Professor Carlos Góis, ele é quem sabe,

e vai desmatando

o amazonas de minha ignorância.

Figuras de gramática, esquipáticas,

atropelam-me, aturdem-me, sequestram-me.

Já esqueci a língua em que comia,

em que pedia para ir lá fora,

em que levava e dava pontapé,

a língua, breve língua entrecortada

do namoro com a prima.

O português são dois; o outro, mistério.

Atividades

1. Os objetivos destas atividades são observar a língua falada e perceber suas diferenças em relação à escrita formal, prescrita pela gramática normativa. Siga os seguintes passos:

   a. Em duplas, elabore uma entrevista. Ela deverá ter uma temática e um propósito. Pode ser algum tópico relevante para a cidade, para a situação atual do país ou mesmo algo referente a um evento local.

   b. Escolha alguém para ser seu entrevistado, que seja relevante para o tópico sobre o qual você e seu colega farão a entrevista.

   c. Grave a entrevista, pedindo a autorização do entrevistado antes.

   d. Transcreva a entrevista para o papel, exatamente como ela foi falada, tanto pelo entrevistador como pelo entrevistado.

   e. Selecione algum aspecto para observar mais atentamente. Duas sugestões são: concordância verbal e nominal ou colocação pronominal.

   f. Pesquise em gramáticas tradicionais como elas sugerem que o fenômeno escolhido no passo anterior ocorra.

   g. Compare o que diz a gramática sobre o aspecto estudado com os dados da entrevista. Como o entrevistado e o entrevistador se comportam na fala com relação a esse aspecto?

   h. Elabore uma breve apresentação para os colegas com os resultados encontrados.

2. Esta atividade pretende mostrar como, mesmo na escrita, usamos registros menos formais em algumas situações.

Sua tarefa é encontrar um texto literário que represente um registro menos formal e apresentá-lo à turma, identificando os elementos que caracterizam seu estilo.

3. Esta atividade trabalha os diferentes registros, formais e informais. Para tanto, você deve gravar a fala de colegas em duas situações: em um debate em sala de aula sobre algum tema polêmico e em uma apresentação de trabalho avaliativo.

Após a transcrição desses momentos, você deve comparar aspectos que marquem diferenças entre os dois tipos de registro (mais formal e menos formal), a fim de analisar o porquê dessas diferenças, considerando o papel que se assume em cada um desses momentos.

REFERÊNCIAS

ANDRADE, C. D. Procura de poesia. *In:* ____ *Reunião:* 10 livros de poesia. Rio de Janeiro: Editora José Olympio, 1974.
BORTONI-RICARDO, S. M. *Nós cheguemo na escola, e agora?*: sociolinguística e educação. São Paulo: Parábola, 2011.
GUY, G.; ZILLES, A. *Sociolingüística quantitativa:* instrumental de análise. São Paulo: Parábola, 2007.
LABOV, W. *Padrões sociolinguísticos*. São Paulo: Parábola Editorial, 2008.
LOBATO, M. *Emília no país da gramática*. São Paulo: Brasiliense, 1934.
MARTELOTTA, M. E. et al. *Manual de lingüística*. São Paulo: Contexto, 2008.
SCHERRE, M. M. P.; NARO, A. J. Sobre a concordância de número no português falado do Brasil. In: RUFFINO, G. (Org.). *Dialettologia, geolinguistica, sociolinguistica*: Atti del XXI Congresso Internazionale di Linguistica e Filologia Romanza. Tubingen: Max Niemeyer Verlag, 1998. p. 509-523.
TARALLO, F. *A pesquisa sociolinguística*. São Paulo: Ática, 2002.
VYGOTSKY, L. S. *A formação social da mente:* o desenvolvimento dos processos psicológicos superiores. 7. ed. São Paulo: Martins Fontes, 2008.

LEITURAS COMPLEMENTARES

LORANDI, A. Aquisição da variação: a interface entre aquisição da linguagem e variação linguística. *Alfa: Revista de Linguística*, v. 57, p. 133-162, 2013.
PERINI, M. A. Sobre língua, linguagem e linguística: uma entrevista com Mário A. Perini. *ReVEL*, v. 8, n. 14, 2010.

Cristina Rörig Goulart
Joseline Tatiana Both

capítulo 3

Interpretação e compreensão de textos

O que é leitura? Que aspectos o ato de ler abrange? Quais são nossas expectativas ao lermos um texto? Lemos um romance e uma reportagem do mesmo modo?

Neste capítulo, trataremos do tema leitura, discutindo elementos importantes para a compreensão de textos de diferentes gêneros. Ao contrário do que se pensa normalmente, o processo de compreensão textual pode ser desenvolvido, por meio do reconhecimento de diferentes estratégias de leitura e do entendimento de pistas linguísticas que nos fazem chegar ao ponto de vista do autor. Ao fim do capítulo, serão fornecidas diretrizes para a construção de um esquema textual, recurso que pode ser muito útil para a compreensão de textos.

Objetivos de aprendizagem

» Discutir quais são os fatores envolvidos no processo de leitura.
» Reconhecer os papéis do autor e do leitor na compreensão e na interpretação textual.
» Nomear e utilizar estratégias de leitura.
» Compreender o que são os conhecimentos prévios e como eles influenciam a compreensão de textos.
» Distinguir gêneros textuais e entender que cada um implica um modo específico de leitura e compreensão.
» Detectar o ponto de vista e os objetivos do autor de cada texto.
» Resumir textos por meio de palavras-chave ou esquemas.
» Identificar pressupostos, implícitos e subentendidos, bem como fazer inferências na leitura de textos.
» Diferenciar ideias principais de ideias secundárias na leitura de um texto.
» Elaborar esquemas textuais.

» Que fatores estão envolvidos na compreensão de um texto?

» PARA REFLETIR

Podemos afirmar que a boa compreensão de um texto por parte do leitor depende inteiramente da capacidade do autor de expressar suas ideias? Ou o leitor tem uma parcela de responsabilidade neste processo?

Apesar de ser uma atividade cotidiana e corriqueira na vida de muitas pessoas, a **leitura** é um processo bastante complexo, que envolve uma série de aspectos – cognitivos, sociais, interacionais e mesmo culturais. Refletir sobre esses aspectos, ou seja, tornar os recursos que utilizamos mais conscientes pode nos ajudar no desenvolvimento da competência leitora, capacitando-nos a fazer relações, obter respostas, resolver problemas, interagir com o outro, enfim, a atender os diversos objetivos de uma leitura.

Ler, nesse contexto, significa, fundamentalmente, compreender um texto, e não apenas decifrar o código escrito. Essa ainda é uma das grandes dificuldades que os estudantes e os cidadãos de modo geral enfrentam, talvez porque, como leitores, não dediquemos tempo suficiente para qualificar os procedimentos e as estratégias de leitura.

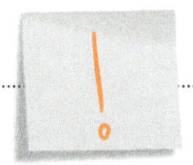

» IMPORTANTE

As dificuldades referentes à compreensão de textos são influenciadas, entre outros fatores, pela falta de elementos que possam auxiliar o leitor a identificar os limites entre a **compreensão** e a **interpretação**, ou seja, entre as pistas que estão no texto, de responsabilidade do autor, e a voz do leitor, suas crenças e conhecimentos. Entender essa diferença é um dos passos mais importantes do processo de compreensão de textos.

O leitor é "[...] um indivíduo social que conhece e possui um sistema cognitivo complexo de armazenamento de informações." (MARCUSCHI, 2008, p. 239). Assim, além do autor e de sua intencionalidade em cada texto, é importante considerar também os possíveis leitores desse texto, com seus conhecimento, expectativas e objetivos (abordaremos esses fatores em mais detalhes na próxima seção). A partir dessa relação entre autor e leitor surgem todos os demais aspectos envolvidos no ato de ler.

Outra questão importante a ser destacada é que, dependendo do gênero do texto lido, o leitor cria expectativas e objetivos distintos para a leitura. Quem lê um romance, por exemplo, não espera que o autor ou o narrador a quem ele dá voz transmita informações. Da mesma forma, alguém que lê um editorial não espera neutralidade do escrevente.

Em outras palavras, diretamente ligados ao ato de ler estão os objetivos e as expectativas do leitor, que norteiam o modo de leitura e a interação com o conteúdo do texto. A leitura é, assim, uma atividade interativa, ou seja, o leitor, ao entrar em contato com um texto, constrói sentidos a partir do que lê e das relações que faz por meio de um diálogo estabelecido com o texto.

A compreensão textual, então, pode ser definida como "[...] um processo cognitivo em que partimos dos conhecimentos trazidos pelo texto e dos conhecimentos pessoais para produzir um sentido como produto de nossa leitura." (MARCUSCHI, 2008, p. 239). Mas o que é necessário para se chegar ao sentido? Este será o tópico da seção a seguir.

> **» IMPORTANTE**
> A leitura é uma atividade complexa de produção de sentidos, a qual se realiza com base nos elementos linguísticos presentes na superfície textual e na sua forma de organização, mas exige uma mobilização de saberes no interior do evento comunicativo. (KOCH; ELIAS, 2007).

» O que é necessário para compreendermos um texto?

A leitura, como já foi dito, pode ser tomada como uma atividade de produção de sentidos. Ao lermos, estamos realizando um trabalho ativo de compreensão e interpretação textual a partir de nossos objetivos e conhecimentos sobre o assunto, o autor, e a linguagem utilizada.

O uso de **estratégias de leitura** nos permite controlar o que vai ser lido, tomar decisões diante das dificuldades de compreensão, avançar na busca de soluções de dúvidas e validar as suposições feitas. Após a leitura, espera-se que sejamos capazes de processar, criticar, contradizer e avaliar o ponto de vista que temos diante de nós, por meio da atribuição de sentido ao que foi lido.

Para exemplificar o uso das estratégias de leitura, inicialmente tomemos o texto intitulado *Superplanta faz mais fotossíntese*, de Salvador Nogueira (2014), publicado no site da revista Superinteressante. Para iniciar a leitura, identificamos, primeiramente:

- o *autor* do texto: Salvador Nogueira;
- o *meio de veiculação* do texto: a versão *online* da revista *Superinteressante*;
- o *gênero textual*: notícia;
- o *título* do texto: "Superplanta faz mais fotossíntese";
- a *distribuição* e a *configuração de informações* no texto: o título, o subtítulo, uma imagem de planta e o texto sobre o tema.

Todas essas informações podem nos indicar modos de ler o texto e o que possivelmente encontraremos nele. Ao observarmos o título, podemos levantar hipóteses que poderão ser confirmadas ou rejeitadas no decorrer da leitura. Nele, temos a palavra "superplanta", cujo significado remete a uma planta maior ou diferenciada. Essa palavra não está isolada; ela se relaciona com "mais fotossíntese".

Bem, então seria plausível imaginar que a relação entre uma "superplanta" e a quantidade de fotossíntese seja diferente da relação entre esta e as plantas comuns. Poderíamos pensar ainda: por que a planta é super? Ela é maior do que as demais? Com isso em mente, já temos hipóteses que podem ser corroboradas ou não durante a leitura.

Assim, a partir dessas questões, iniciemos a leitura do texto.

> A fotossíntese é uma das invenções mais fascinantes da natureza. A vida na Terra só existe graças a esse processo, que transforma luz e CO_2 em oxigênio e glicose. Mas, agora, a engenhosidade humana pode ter descoberto um jeito de turbiná-lo: com a criação de uma planta que faz 30% mais fotossíntese. O supervegetal foi desenvolvido no Instituto de Tecnologia de Massachusetts, e é uma versão modificada de plantas do gênero *Arabidopsis*. Ela absorve mais luz e CO_2, libera mais oxigênio e produz mais energia do que as plantas comuns. Tudo graças à nanotecnologia. (NOGUEIRA, 2014).

>> **DICA**
Para ler, utilizamos uma série de estratégias, como seleção, antecipação, inferência e verificação, como exemplificamos nas análises textuais que seguem.

A leitura do trecho anterior nos apresenta uma resposta: a característica "super" está relacionada ao fato de haver maior produção de fotossíntese por uma planta em relação a outras. Até esse trecho, não é possível confirmar a expectativa talvez criada anteriormente de que a "superplanta" seja uma planta maior; tudo o que sabemos é que ela é uma "superplanta" por produzir mais fotossíntese.

O fato de uma planta produzir mais fotossíntese do que outras serve de estímulo para a formação de novas antecipações para a continuação da leitura, como a seguinte pergunta: como isso é possível? Para descobrirmos a resposta, é preciso que retornemos ao texto e prossigamos a leitura.

> Tudo graças à nanotecnologia. Os cientistas injetaram nanopartículas de dióxido de cério (um metal raro) nos cloroplastos – as estruturas da planta que fazem a fotossíntese. Essas partículas de metal facilitaram o fluxo de elétrons dentro do vegetal, acelerando a fotossíntese. Aparentemente, a injeção não provocou efeitos nocivos às plantas. (NOGUEIRA, 2014).

A resposta, portanto, está na nanotecnologia. Se havíamos pensado nisso, acertamos. Caso não conheçamos o significado da palavra "nanotecnologia", prosseguiremos com a leitura, buscando construí-lo, ou, ainda, recorreremos a outros textos que possam auxiliar acerca desse entendimento.

Para darmos seguimento à interação com o texto, podemos levantar mais questionamentos: se a experiência é viável economicamente, se já está em ação, se não causará danos à natureza, entre outros. Vejamos como o texto é concluído.

> A ideia, para o futuro, é criar grandes usinas só com superplantas. Elas sugariam muito CO_2 do ar, o que ajudaria a brecar o aquecimento global. E também usariam a energia do Sol para produzir glicose (que depois poderia ser convertida em eletricidade para uso humano). "Essa técnica tem potencial para melhorar muito a coleta de energia solar", afirma o engenheiro químico Michael Strano, líder do estudo. O trabalho tem gerado polêmica na comunidade científica, pois não revela todos os detalhes envolvidos no processo (talvez porque o MIT pretenda patenteá-lo). Mas pode ser o início de algo revolucionário. (NOGUEIRA, 2014).

Bem, o texto não respondeu a todas as perguntas, mas trouxe informações novas, como o que se pretende fazer no futuro: criar usinas de "superplantas". Além disso, deixa um mistério no ar, estabelecido pelo trecho "[...] tem gerado polêmica na comunidade científica [...]", o que nos faz pensar que há algo a mais envolvido nessa experiência, para o bem ou para o mal.

Agora, leia o texto de Salvador Nogueira (2014) na íntegra:

SUPER NOVAS

Superplanta faz mais fotossíntese

Por Salvador Nogueira

Cientistas americanos criam vegetal que produz mais oxigênio e elimina mais CO2 do ar; técnica pode resolver problema do aquecimento global.

A fotossíntese é uma das invenções mais fascinantes da natureza. A vida na Terra só existe graças a esse processo, que transforma luz e CO_2 em oxigênio e glicose. Mas, agora, a engenhosidade humana pode ter descoberto um jeito de turbiná-lo: com a criação de uma planta que faz 30% mais fotossíntese. O supervegetal foi desenvolvido no Instituto de Tecnologia de Massachusetts*, e é uma versão modificada de plantas do gênero *Arabidopsis*. Ela absorve mais luz e CO_2, libera mais oxigênio e produz mais energia do que as plantas comuns. Tudo graças à nanotecnologia. Os cientistas injetaram nanopartículas de dióxido de cério (um metal raro) nos cloroplastos – as estruturas da planta que fazem a fotossíntese. Essas partículas de metal facilitaram o fluxo de elétrons dentro do vegetal, acelerando a fotossíntese. Aparentemente, a injeção não provocou efeitos nocivos às plantas.

A ideia, para o futuro, é criar grandes usinas só com superplantas. Elas sugariam muito CO_2 do ar, o que ajudaria a brecar o aquecimento global. E também usariam a energia do Sol para produzir glicose (que depois poderia ser convertida em eletricidade para uso humano). "Essa técnica tem potencial para melhorar muito a coleta de energia solar", afirma o engenheiro químico Michael Strano, líder do estudo. O trabalho tem gerado polêmica na comunidade científica, pois não revela todos os detalhes envolvidos no processo (talvez porque o MIT pretenda patenteá-lo). Mas pode ser o início de algo revolucionário.

Fontes: Plant nanobionics approach to augment photosynthesis, Michael Strano e outros, MIT.

Na leitura do texto, ou seja, na construção de sentidos, o leitor não é passivo: ele faz perguntas, suposições e antecipações, que se confirmam ou não. Ele assume o importante papel de interagir com o texto e dialogar com ele, procurando confirmar expectativas e, por fim, atingir seus objetivos de leitura. Essa interação, no entanto, ocorre com base em diferentes saberes e estratégias, entre os quais estão os conhecimentos prévios do leitor, que envolvem conhecimentos linguísticos e textuais, enciclopédicos ou de mundo e, ainda, interacionais.

Abordemos o conhecimento linguístico no caso do texto do exemplo anterior. Trata-se de uma notícia de divulgação científica, e o autor pressupõe um leitor que não é especialista no assunto (até porque a revista trata de temáticas muito diversas), utilizando, assim, um vocabulário que pode ser considerado simples.

O conhecimento linguístico permite ao leitor classificar o texto como informativo/expositivo, o que direciona sua atenção especialmente para sua temática e seu desenvolvimento. Caso se tratasse de um gênero textual em que predominasse a narração, por exemplo, o leitor teria de procurar construir o sentido a partir de outras pistas, como o espaço onde se desenvolvem as ações, os personagens, o tempo, entre outros aspectos. A seguir, aprenda mais sobre gêneros textuais.

> **» DEFINIÇÃO**
> O **conhecimento linguístico** se refere ao conhecimento da língua, das palavras, das estruturas frasais e, também, dos gêneros textuais e seus modos de funcionamento.

» IMPORTANTE

Os gêneros textuais

De acordo com Marcuschi (2002), a comunicação se dá sempre por meio de textos, e estes se organizam em diferentes gêneros. Dependendo da intenção comunicativa, do interlocutor e da situação de comunicação, optamos por determinado gênero textual para nossa interação. Trata-se de um processo similar ao da diferenciação que fazemos, por exemplo, entre um horóscopo e uma notícia ou um artigo de opinião, que se baseia na estrutura, no modo de composição, no estilo e na temática do texto. Assim, com base em vários elementos, somos capazes de ler diferentes gêneros, compreendê-los e produzi-los.

Os gêneros textuais são estruturas relativamente estáveis que vão sendo (re)formuladas de acordo com o uso que nós, falantes, fazemos delas. Ao longo da vida, vamos entrando em contato com esses diferentes gêneros – desde um simples bilhete ou *e-mail* até um artigo científico – e vamos construindo nossa competência para ler e escrever textos a partir desses padrões.

Conhecedores da língua e possuidores de uma competência textual mais abrangente, também somos capazes de perceber se, em determinado gênero, predomina a **narração**, a **descrição**, a **argumentação**, a **exposição** ou a **injunção** (**prescrição**), isto é, qual(is) é(são) o(s) tipo(s) de sequência textual em que ele se fundamenta.

É importante fazer a distinção entre gênero textual e tipo de texto. Veja alguns exemplos de cada um a seguir:

- **Gênero textual**: romance, fábula, crônica, relatório, editorial...
- **Tipo de texto**: narrativo, descritivo, argumentativo, expositivo, injuntivo (prescritivo).

> **DEFINIÇÃO**
> O **conhecimento enciclopédico**, também chamado de **conhecimento de mundo**, é o conhecimento sobre aspectos do mundo que estão armazenados na nossa memória; é baseado em coisas que lemos, ouvimos ou adquirimos em experiências vividas (KOCH; ELIAS, 2010).

No que se refere ao conhecimento enciclopédico, no texto sobre a "superplanta", o leitor buscará, em seu repertório de leituras e em suas experiências de mundo, o significado de termos como fotossíntese, nanotecnologia, etc. Mesmo que não conheça o significado de determinadas palavras, se ele compreender o modo de estruturação do gênero divulgação científica (em que a sequência predominante é a expositiva), perceberá que elas são explicadas ao longo do texto, como o que acontece com fotossíntese: "[...] esse processo, que transforma luz e CO_2 em oxigênio e glicose." (NOGUEIRA, 2014).

Quanto aos conhecimentos interacionais, podemos dizer que o autor, quando escreve, cria uma imagem do leitor, e é a partir dela que escolhe as informações que precisam ser explicitadas ou não. Quando escrevemos, passamos pelo mesmo processo: dependendo do público ou da pessoa à qual o texto é dirigido, optamos por inserir mais ou menos informações, escolhemos o que consideramos mais adequado em termos de vocabulário, etc. Na verdade, isso mostra quão articuladas são as habilidades de leitura e de escrita.

> **DEFINIÇÃO**
> Os **conhecimentos interacionais** se referem aos conhecimentos partilhados entre o autor do texto e seu(s) possível(is) leitor(es).

Todos os conhecimentos mencionados pressupõem o entendimento da leitura – e, portanto, da escrita – como uma forma de interação por meio da qual o leitor precisa ter papel ativo para a compreensão, buscando elementos em sua bagagem de conhecimentos.

>> Agora é a sua vez!

E você, sabe utilizar as estratégias de leitura? E como são seus conhecimentos prévios? Pegue um jornal e escolha uma breve notícia. Vá lendo aos poucos e faça uma análise nos moldes da que foi feita no exemplo sobre a "superplanta", criando hipóteses e antecipações à medida que a leitura avança.

>> Como compreendemos um texto?

Agora que sabemos o que é necessário para a compreensão de um texto, vejamos como se dá tal compreensão.

» A leitura do ponto de vista

A compreensão leitora, como discutimos até aqui, é um processo complexo, que envolve diversos conhecimentos e procedimentos. De acordo com o gênero do texto lido, criamos expectativas e hipóteses de leitura e começamos a acionar nossos conhecimentos prévios. Além disso, devemos estar atentos às pistas linguísticas que compõem o texto, as quais são de responsabilidade do autor e direcionam a leitura e o entendimento do **ponto de vista**.

Não importa se o texto traz uma sequência predominantemente narrativa, descritiva ou argumentativa; há sempre uma intencionalidade do autor, que pode ser mais ou menos explícita. Ninguém narra uma história sem um objetivo, conta uma piada sem pretender o riso, etc. Isso nos permite dizer que todo e qualquer texto pressupõe um ponto de vista ou, em outras palavras, é argumentativo, em maior ou menor grau.

Como reconhecer os objetivos e o ponto de vista do autor? Para refletir sobre essa questão, vamos ler o texto a seguir, de André Sampaio (2013).

Novas tecnologias

Atualmente, prevalece na mídia um discurso de exaltação das novas tecnologias, principalmente aquelas ligadas às atividades de telecomunicações. Expressões frequentes como "o futuro já chegou", "maravilhas tecnológicas" e "conexão total com o mundo" "fetichizam" novos produtos, transformando-os em objetos do desejo, de consumo obrigatório.

Interessa às atividades de comunicação, na qualidade de elo na cadeia do capital, a proliferação desenfreada de todo e qualquer equipamento que facilite o acesso a seus conteúdos. Por esse motivo carregamos hoje nos bolsos, bolsas e mochilas o "futuro" tão festejado: Google, Facebook, Twitter, YouTube e similares.

Todavia, não podemos reduzir-nos a meras vítimas de um aparelho midiático perverso, ou de um aparelho capitalista controlador. Há perversão, certamente, e controle, sem sombra de dúvida. Entretanto, desenvolvemos uma relação simbiótica de dependência mútua com os veículos de comunicação, que se estreita a cada imagem compartilhada e a cada *dossiê* pessoal transformado em objeto público de entretenimento.

Não mais como aqueles acorrentados na caverna de Platão, somos livres para nos aprisionar, por espontânea vontade, a esta relação sadomasoquista com as estruturas midiáticas, na qual tanto controlamos quanto somos controlados.

Em uma primeira leitura, um aspecto fundamental a ser observado é que o texto em questão é do gênero artigo de opinião, no qual predomina a sequência argumentativa propriamente dita. Isso nos leva, mais diretamente, a buscar reconstruir a posição do autor sobre o assunto "novas tecnologias".

O próprio título do texto já conduz nosso olhar para a temática tratada, o que nos faz buscar, na continuidade da leitura, uma delimitação para o tema. Antes disso, podemos supor que o texto analise as novas tecnologias disponíveis no mercado, avalie seu uso como positivo ou negativo, etc.

Na leitura do primeiro parágrafo, já vamos juntando algumas pistas que direcionam o sentido pretendido, como em "[...] prevalece na mídia um discurso de exaltação das novas tecnologias [...]" (SAMPAIO, 2013). Um leitor atento compreende que o autor busca situar o assunto e, para tanto, traz uma posição a respeito dele, com a qual ele poderá discordar ou concordar.

Essa voz não retrata ainda a sua opinião, mas a da mídia, o que é reforçado pelo uso de aspas nas expressões "o futuro já chegou", "maravilhas tecnológicas" e "conexão total com o mundo". Aqui, as aspas marcam um distanciamento do autor em relação a essa posição – é como se ele destacasse que esse discurso não é/não será o dele.

Diferente é o que ocorre com o uso de aspas em "fetichizam", em que percebemos a voz do narrador, mas com a preocupação de sinalizar um uso incomum, ou até mesmo novo, de um verbo proveniente da palavra "fetiche". Nesse ponto, temos uma pista importante: não são os produtos por si sós, na opinião do autor, que causam tamanha adoração. Esta é alimentada pela mídia, que acaba por estimular o consumo. Tal interpretação pode ser confirmada e detalhada no segundo parágrafo do texto.

O terceiro parágrafo é introduzido pelo articulador "todavia", como talvez alguns de nós, leitores, já poderíamos esperar/pressupor. Quando temos uma maior familiaridade com textos argumentativos, adquirimos a capacidade de perceber que, muitas vezes, há uma comparação entre diferentes pontos de vista que integram o mesmo texto.

No caso em questão, o autor, de forma clara, inicia o texto com a tese, o ponto de vista, que ele irá discutir do qual irá discordar – se não totalmente, ao menos em parte. Tal entendimento é confirmado pela seleção lexical feita pelo autor em "[...] **reduzir-nos** a **meras vítimas** de um **aparelho midiático perverso**, ou de um **aparelho capitalista controlador** [...]" (SAMPAIO, 2013). Em outras palavras, a mídia, para o autor, é perversa, e o sistema capitalista ao qual ela serve é controlador.

Se, no primeiro parágrafo, o tópico central consiste nas novas tecnologias, no segundo temos a mídia e o capital por trás das tecnologias, induzindo seu consumo. Apesar disso, como sinaliza o autor – novamente com um articulador que modifica a orientação argumentativa do texto ("entretanto") –, somos dependentes desses meios de comunicação.

A avaliação final dessa situação se dá no parágrafo final do texto, em que o autor compara a situação de aprisionamento atual com o conhecido mito da caverna de Platão, afirmando que o atual aprisionamento é espontâneo.

Além das observações realizadas até aqui, é importante atentarmos para outro recurso utilizado ao longo de todo o texto: o uso dos verbos na primeira pessoa do plural ("carregamos", "desenvolvemos", etc.). Essa escolha feita pelo autor do texto também traz implicações para o sentido, produzindo o efeito de tornar o leitor participante do texto, o que o aproxima da perspectiva adotada pelo autor.

Seguindo todos os indícios propostos no exemplo, poderíamos resumir as ideias principais do texto por meio de palavras-chave, de um pequeno parágrafo ou até mesmo de um esquema, como veremos mais adiante. Na verdade, resumir, selecionar as ideias principais de um texto é um recurso importantíssimo para sua leitura, principalmente quando se trata do estudo de um texto. Tanto é assim que inúmeras pesquisas demonstram que a boa qualidade de um resumo está, normalmente, vinculada a uma boa competência leitora.

O texto anterior, por exemplo, poderia ser resumido com o uso das seguintes palavras-chave:

- Novas tecnologias
- Consumo manipulado pela mídia e por interesses capitalistas
- Dependência mútua
- Aprisionamento

Antes de passarmos para o próximo tópico, é interessante retomarmos aqui algo fundamental para uma boa competência leitora: o entendimento dos limites entre a compreensão de um texto e sua interpretação. Em muitos casos, o leitor não consegue distinguir claramente o seu modo de pensar, o seu ponto de vista, daquele de quem escreveu o texto. É importante lembrar que, em cada texto, devemos procurar indícios que estabeleçam algum limite para a compreensão, ou seja, que possam nos guiar com segurança para não acrescentarmos à voz do autor nossas próprias impressões.

>> **ATENÇÃO**
Muitas dificuldades encontradas pelos candidatos em avaliações como o Exame Nacional do Ensino Médio (Enem), por exemplo, revelam uma abordagem confusa dos textos devido ao fato de o leitor "mesclar" suas impressões e conhecimentos de mundo com o ponto de vista construído pelo autor do texto.

Agora é a sua vez!

Leia o texto a seguir, de Carvalho (2015). Quais foram os objetivos e o ponto de vista do autor do texto? Justifique sua resposta a partir de elementos do texto. Depois, resuma o texto a partir de palavras-chave.

Charlie Hebdo: um crime injustificável

"Não à toa, o próprio papa Francisco foi um dos primeiros a indignar-se com o ato" – Por Vanilo de Carvalho

Do muito que se tem falado sobre o covarde e indefensável atentado ao jornal francês Charlie Hebdo, chamaram a atenção opiniões tentando relativizar o episódio terrorista a partir da desqualificação ou mesmo condenação da linha editorial do periódico. Ofensas dirigidas a diversas religiões, questionamento escrachado de dogmas sacros, olhares preconceituosos sobre hábitos e costumes que fogem aos padrões ocidentais foram usados para tentar impor limites à liberdade de expressão.

Em tempo: estas discussões devem ocorrer, mas explorando todas as possibilidades de uma fraterna convivência. É bom lembrar que foram ceifadas doze vidas. Não à toa, o próprio papa Francisco foi um dos primeiros a indignar-se com o ato, mesmo com a Igreja Católica – e a própria autoridade papal – tendo sido ridicularizada em vários cartuns. O bispo de Roma exprimiu a sua "mais firme condenação" ao "horrível atentado" contra o semanário satírico. O pontífice exortou todos a se oporem "com todos os meios à disseminação do ódio e qualquer forma de violência, física e moral, que destrói a vida humana".

A posição do papa é condizente com a Exortação Apostólica Evangelii Gaudium, de sua autoria. Em vários momentos do texto, Francisco chama para o diálogo, lembrando que "todos têm o direito de receber o Evangelho. Os cristãos têm o dever de o anunciar, sem excluir ninguém, e não como quem impõe uma nova obrigação, mas como quem partilha uma alegria".

O documento reforça que a alegria do Evangelho se realiza no exercício da misericórdia, ou seja, na tarefa de nos colocar no lugar do outro. "O Evangelho convida, antes de tudo, a responder a Deus que nos ama e salva, reconhecendo-O nos outros e saindo de nós mesmos para procurar o bem de todos", expõe. Francisco cita Santo Agostinho, que lembra que Jesus deixou pouquíssimos preceitos e aconselhou que as regras estabelecidas pela Igreja devem ser exigidas com moderação, "para não tornar pesada a vida aos fiéis" nem transformar a religião numa escravidão.

Ora, se uma das próprias "vítimas" do humor cáustico do Charlie Hebdo é um dos primeiros a prestar solidariedade à tragédia, quem são estes que querem condená-los ou justificar este ato de barbárie? É bom lembrar que a vida humana não é um valor em debate. E que um julgamento deste quilate parte de um princípio desigual, como se alguns mortos tivessem menos valor que outros. Isso é tão ou mais preocupante que se arvorar de ser Deus e cometer despropósitos em Seu nome.

» A leitura do que não foi escrito

Prosseguindo com nossas reflexões sobre compreensão textual, temos que, ao lermos, a fim de construirmos o sentido do que está sendo dito, é preciso que complementemos as informações fornecidas pelo texto com outros dados que conheçamos ou que infiramos a partir da situação interlocutiva. É necessário que nós, enquanto leitores, busquemos recuperar as relações propostas, explícita ou implicitamente, pelo autor, entre as palavras, entre as frases e os parágrafos. Um texto não consegue trazer todas as informações de forma explícita; assim, para compreendê-lo, precisamos refletir sobre o que lemos, relacionando o que encontramos com nossos conhecimentos prévios, porém, partindo sempre do que está sendo dito, e não do que pensamos sobre o assunto.

Leia o texto abaixo (CARVALHO, 2003) para acompanhar as reflexões realizadas sobre sua construção:

> Uma característica marcante dos discursos educacionais é a presença de jargões que se disseminam entre professores e se transformam em *slogans*. Eles surgem como portadores de propostas inovadoras e passam a impregnar nossa fala. Frequentemente caem em desuso sem que as "mudanças radicais" se transformem em práticas pedagógicas. "A criança constrói seu próprio conhecimento" representou esse tipo de convergência mais retórica do que prática ou conceitual.
>
> A expressão "educação para a cidadania" corre hoje o risco de tornar-se mais um desses consensos. Nesse caso, o risco de esvaziamento de sentido é bem mais grave. O ideal de educação voltada para o cultivo de valores identificados com o exercício da cidadania não é uma simples proposta de renovação didática. Trata-se de um ideal educativo e de luta que remonta a pensadores como Aristóteles. Desde então, essa luta coloca em campos opostos concepções e práticas que valorizam a educação por seu impacto na vida privada dos indivíduos e aquelas que a concebem como um "bem comum" e um valor social.

Esse trecho foi publicado em uma revista cuja maioria do público leitor é formada por professores. Trata-se de um fragmento de um texto de opinião intitulado *Educação e cidadania*, que aborda, como o próprio título anuncia, a temática da educação e da cidadania. O autor, entretanto, o introduz construindo uma espécie de comparativo. Aborda, no primeiro parágrafo, a questão dos jargões educacionais que impregnam a fala dos professores (grupo no qual ele se inclui, como se pode verificar em "nossa fala"), mas não se transformam em práticas pedagógicas. O sentido de jargões é construído no primeiro parágrafo através da compreensão do que está implícito no enunciado "Frequentemente caem em desuso sem que as "mudanças radicais" se transformem em práticas pedagógicas." (CARVALHO, 2003). A negação presente em "sem que" remete a um ponto de vista positivo, que leva ao entendimento de que o uso de jargões deveria fazer com que mudanças radicais se transformassem em práticas pedagógicas, mas não é o que ocorre.

No final do parágrafo, o autor cita um exemplo para explicitar o que afirma em termos mais teóricos ("'A criança constrói seu próprio conhecimento' representou esse tipo de convergência mais retórica do que prática ou conceitual"). Notemos que, nesse caso, o termo jargão é substituído pelo trecho "esse tipo de convergência mais retórica do que prática ou conceitual", que amplia seu sentido. Em outras palavras, o jargão não é, necessariamente, colocado muito em prática nem aprofundado em termos de conceitos. Ele é uma estratégia retórica, discursiva. O uso de aspas no trecho marca a inserção no discurso do autor de um discurso corrente na voz dos professores, diferentemente do que ocorre um pouco antes no texto quando aparece a expressão "mudanças radicais". Neste caso, não há apenas a marcação da voz de outros, mas uma atribuição de valor a essa voz: aquilo que seria proposto como mudança radical é mostrado como algo que, na verdade, não se efetiva.

Não basta apenas o leitor conhecer o significado da palavra jargão, já que ele necessita entender como o autor apresenta o termo e constrói seu sentido no texto analisado. Podemos dizer que, para o autor, o jargão deveria ser um conceito colocado em prática, o que, na sua opinião, não ocorre. Ele, porém não nega totalmente essa possibilidade. O uso de "mais retórica" admite que a convergência tenha indícios de algo conceitual e prático, porém, menos do que o autor gostaria.

É no segundo parágrafo que ele introduz, efetivamente, a temática sobre a qual pretende tratar – a educação para a cidadania –, relacionando-a com o tema do parágrafo anterior, os jargões educacionais. Interessante notar que o autor não inicia seu texto com o que considera que seja a educação para a cidadania, mas vai construir esse sentido com base naquilo que ela não pode ser. É o que podemos perceber no enunciado "A expressão 'educação para a cidadania' corre hoje o risco de tornar-se mais um desses consensos." (CARVALHO, 2013).

A expressão "desses consensos" remete às noções anteriormente construídas de "jargões" e "convergência mais retórica do que prática ou conceitual". O autor, com a expressão "mais um" afirma que são diversos os consensos, ou seja, de que a expressão em questão será apenas mais uma dentre tantas. Juntamente com "corre o risco", ele coloca dois pontos de vista, duas opções: a expressão pode ou não se tornar apenas um jargão. A escolha das palavras pelo autor, como podemos perceber vai indicando sua posição, seu ponto de vista. Em outras palavras, ele desaprova o fato de a expressão "educação para a cidadania" não ser colocada em prática e acrescenta "Nesse caso o esvaziamento de sentido é bem mais grave." (CARVALHO, 2013). O leitor compreende uma gradação de sentido: já é problemático que isso ocorra com outras expressões, mas é mais grave ainda com a "educação para a cidadania".

No caso de "educação para a cidadania", o uso de aspas, ao mesmo tempo em que lhe confere destaque, anuncia que a expressão integra outros discursos anteriores ao do autor. O autor também acrescenta sentido ao que vinha propondo como jargões ao utilizar a expressão "o esvaziamento de sentido", reforçando que o uso de jargões faz as expressões perderem seu verdadeiro sentido. Dessa forma, ele se apresenta ao leitor como alguém que se preocupa com a educação, de modo amplo, e também com a educação para a cidadania, evitando, assim, parecer radical em sua posição.

A diferenciação entre outras perspectivas de educação e a educação para a cidadania vai se tornando mais evidente na sequência do texto. O enunciado "O ideal de educação voltada para o cultivo de valores identificados com o exercício da cidadania não é uma simples proposta de renovação didática.", por sua vez, esclarece o motivo da afirmação feita no anterior, criando a seguinte ideia: é porque o ideal de cidadania não é uma simples proposta de renovação didática que o risco de esvaziamento de sentido é bem mais grave. Ou seja, pressupõe-se que outras expressões podem ser apenas simples proposta de renovação didática. Essa relação precisa ser recuperada pelo leitor ao analisar a conexão de ideias que se pretende estabelecer entre as frases, já que ela não é marcada de forma explícita no texto.

A expressão "educação para a cidadania" é substituída por outra: "[...] ideal de educação voltada para o cultivo de valores identificados com o exercício da cidadania [...]". Essa substituição, além de renomear uma expressão já utilizada, colaborando para a coesão textual, propicia ao leitor uma ampliação do sentido produzido pelo primeiro termo. Assim, o autor reforça a ideia de que não se trata de uma expressão qualquer, mas de um ideal de educação.

O enunciado seguinte ("Trata-se de um ideal educativo e de luta que remonta a pensadores como Aristóteles".) apresenta uma relação com o anterior que pode ser representada por: **não X MAS Y**. Ou seja, não é uma simples proposta de renovação didática, mas um ideal de luta. O articulador *mas* está implícito entre os dois enunciados e propõe uma retificação ao que o antecede. A importância da expressão "educação para a cidadania" é destacada pelo locutor por meio da distinção entre "simples proposta de renovação didática" e "ideal educativo e de luta que remonta a pensadores como Aristóteles". Em outras palavras, sua importância provém do fato de ela não ser uma mera proposta de renovação didática.

Na sequência, o autor inicia a construção de outra oposição, como vemos no enunciado "Desde então, essa luta coloca em campos opostos concepções e práticas que valorizam a educação por seu impacto na vida privada dos indivíduos e aquelas que a concebem como um 'bem comum' e um valor social." (CARVALHO, 2003). A presença de "então" remete à época de Aristóteles, anunciada no enunciado anterior. A expressão "essa luta" resgata "ideal educativo e de luta", referindo-se à "educação para a cidadania" e é responsável por construir uma diferenciação: educação com ênfase na vida privada *versus* educação para o bem comum.

O autor constrói a ideia de os dois objetivos serem "possíveis" apesar de integrarem campos opostos. Em outras palavras, ambos são possíveis porque o autor percebe que há um grupo de pessoas que acreditam no primeiro e outro grupo que crê no segundo. Dessa forma, ele mostra-se como alguém que não se opõe "brutalmente" às crenças de outros, que dialoga e que assume um ponto de vista.

O fragmento escolhido para as observações realizadas aqui revela pelo menos duas questões importantes às quais o leitor precisa estar atento para a compreensão de um texto de qualquer gênero: os sentidos que estão implícitos aos enunciados/frases e a relação que uma frase estabelece com as demais para construção de sentido. Nesse trecho, também observamos que o autor não apenas utiliza sinônimos para retomar termos já utilizados, mas expressões e sintagmas inteiros diferentes para acrescentar ideias, fazendo o tema progredir e, ao mesmo tempo, criando uma costura entre elas, assuntos que serão aprofundados no Capítulo 4.

>> DEFINIÇÃO

Veja alguns dos conceitos que resumem o que foi discutido nesta seção.

Pressuposto: corresponde a um fato, uma ideia, um juízo, uma circunstância, um acontecimento considerado como informação necessária para compreender o que foi dito. (ABAURRE; ABAURRE, 2007, p. 38).

Implícito: é algo que fica sugerido pelo contexto estabelecido no texto e que depende, para ser explicitado, da nossa competência enquanto leitores para resgatar as informações evocadas pelo contexto e confrontá-las com o que foi informado no próprio texto. (ABAURRE; ABAURRE, 2007, p. 39).

Inferência: decorre da produção de sentido a partir da leitura, chegando à conclusão de algo a partir de um dado conhecimento. (MARCUSCHI, 2008).

Subentendido: são insinuações escondidas por trás de uma afirmação; interpretação que fazemos do sentido contido no texto; construção de sentido de responsabilidade do leitor.

A seção a seguir aprofunda o conceito de esquema textual e explica como montá-lo.

Como construir um esquema textual?

> **》 PARA REFLETIR**
>
> Quando você está, por exemplo, estudando para uma prova ou selecionando bibliografia para a realização de um trabalho, que recursos você utiliza para ressaltar os pontos mais importantes do texto?

Uma das ferramentas para o auxílio na leitura de textos, entre eles os acadêmicos, é o **esquema**. O esquema está diretamente ligado à leitura atenta e seletiva, pois seu objetivo é destacar as ideias principais do texto, a fim de possibilitar a compreensão do plano desenvolvido pelo autor na construção textual. Este plano parte da escolha de um tema e o apresenta por meio de ideias relacionadas a ele, expressas em fatos e em argumentos, por exemplo.

Para que um esquema atinja seus objetivos, é preciso que ele se atenha às ideias do autor, sem modificá-las. Além disso, ele deve seguir as **ideias principais**, as quais ancoram **ideias secundárias**. Deste modo, é necessário que o esquema mostre as relações entre as ideias, a partir de uma ordenação ou da representação por meio de símbolos como chaves e setas. É válido ressaltar, ainda, a importância da clareza e da simplicidade na escrita.

O esquema é realizado de acordo com as características do texto que está sendo lido. Para esquematizar um texto, aconselhamos a lê-lo mais de uma vez antes de iniciar a marcação. Assim, recomendamos ao leitor que faça marcações textuais, destacando as ideias principais, somente após ter realizado duas leituras de todo do texto. Para as marcações, podemos utilizar dois traços para sublinhar as ideias norteadoras e um traço para as ideias secundárias.

Ao tomarmos um livro para esquematizar, podemos seguir os títulos e subtítulos da obra para guiar a organização das opiniões expressas pelo autor. Na elaboração do esquema, sugerimos o uso de um sistema de numeração progressiva (1, 1.1, 1.2, 2, 2.1) para indicar as divisões e subdivisões sucessivas.

> **》 DICA**
>
> Por meio de um esquema, é possível delinear o tema e hierarquizar as partes relacionadas ao assunto, o que permite a compreensão global do texto em uma organização bem elaborada e a elaboração de materiais de consulta, como revisões de conteúdos para provas e trabalhos.

>> PARA SABER MAIS

Para aprender mais sobre como esquematizar textos, leia o primeiro capítulo do livro *Fundamentos de metodologia científica*, de Marina de Andrade Marconi e Eva Maria Lakatos (2010).

A seguir, veja um exemplo de texto (POR QUE..., 2012) em que foram feitas marcações para a posterior elaboração de um esquema.

Por que crianças têm dificuldade de compartilhar

A recusa em emprestar brinquedos ou dividir alimentos pode resultar de conexões neurais imaturas. Um estudo publicado na revista *Neuron* revela que a interação de centros de controle de impulsos é mais frágil em crianças pequenas e tende a se intensificar com o passar dos anos, na mesma medida em que elas aprendem e colocam em prática estratégias sociais.

Cientistas do Instituto Max Planck de Ciências Cognitivas e do Cérebro, na Alemanha, observaram crianças de 6 a 10 anos e pré-adolescentes tomando decisões simples durante um jogo. Eles deviam dividir fichas que valiam pontos (e prêmios) com um receptor anônimo em duas situações: escolher aleatoriamente quanto ceder sem nenhuma consequência e correr o risco de ter sua oferta recusada se a outra criança a achasse injusta – nesse caso, nenhuma das duas ganharia nada. Ou seja, a segunda tarefa exigia maior habilidade social.

Todos os participantes se comportaram de forma semelhante na primeira situação. Na segunda, porém, os mais jovens fizeram ofertas piores e se revelaram mais propensos a aceitar poucas fichas mesmo percebendo que era injusto. Neuroimagens captadas durante o experimento revelaram menor atividade no córtex pré-frontal, centro de tomada de decisões e autocontrole, das crianças mais novas. Estudos anteriores apontaram que menor atividade nessa região está associada a habilidades sociais menos aprimoradas.

Os autores do estudo sugerem que o ambiente onde a criança vive e a educação que recebe podem ser decisivos para aperfeiçoar a sociabilidade e o controle de impulsos nesse período de amadurecimento neural.

Agora, observe dois modos de construir um esquema desse texto. O Quadro 3.1 monta o esquema por tópicos. Já a Figura 3.1 organiza o esquema por meio de setas.

Quadro 3.1» **Esquema por tópicos**

Por que crianças têm dificuldade de compartilhar	1 Crianças pequenas
	1.1 Relações neurais não maduras
	1.2 Fragilidade na interação de centros de controle de impulsos
	1.3 Recusa em emprestar ou dividir
	2 O aperfeiçoamento da sociabilidade e do controle de impulsos no período de amadurecimento neural depende do ambiente e da educação da criança

Crianças pequenas →
- Relações neurais não maduras
- Fragilidade na interação de centros de controle de impulsos
- Recusa em emprestar ou dividir

Ambiente e educação → Aperfeiçoamento da sociabilidade e do controle de impulsos no período de amadurecimento neural das crianças

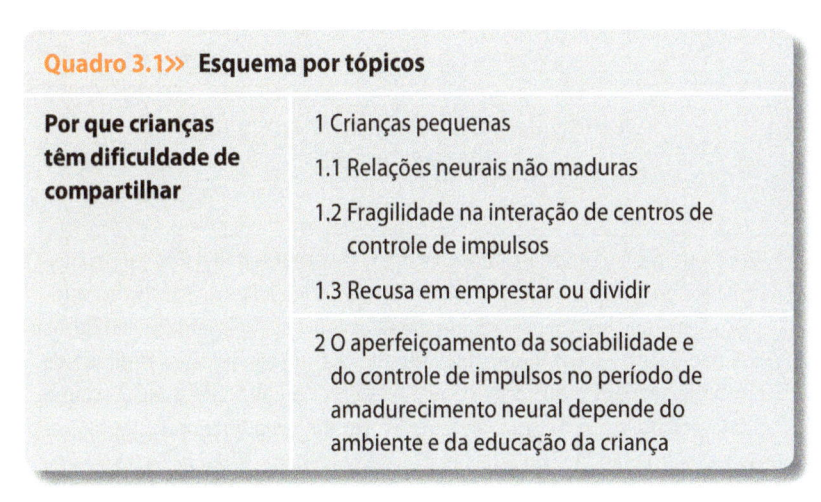

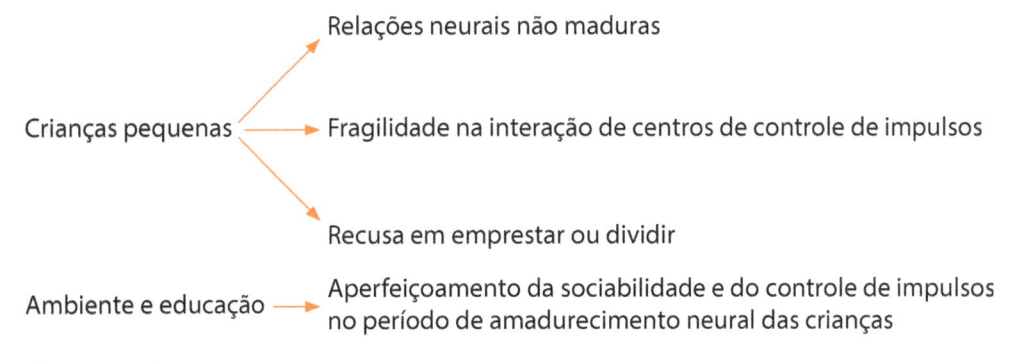

Figura 3.1 Esquema por setas.
Fonte: Das autoras.

>> Atividades

Leia o texto a seguir, de Isabel Clemente (2012), e responda as questões de 1 a 6.

A vida do outro é sempre mais fácil

Por Isabel Clemente

Coisa que me incomoda são os discursos de autopiedade. Por serem desprovidos de autocrítica ou por não indicarem solução para a autocomiseração, soam-me como labirintos de palavras inúteis. Pavimentam caminhos que não levam a lugar algum. Elevados às raias do exagero, esses discursos também excluem o outro da conversa porque geralmente quem reclama demais só ouve a si mesmo, além de transmitir a seguinte mensagem: sua vida é muito mais fácil do que a minha, só te resta me escutar. E está selada, assim, o fim da nossa amizade.

Uma variação do discurso de autopiedade é aquele que arvora para si o monopólio da experiência. Nasci antes, portanto, sei mais do que você. Já passei por isso, sua experiência me é desnecessária. No final das contas, a conclusão de quem pensa assim é que o outro nada pode lhe acrescentar. Ela busca confirmar a própria penúria e se rotula, sem perceber, como alguém digno de pena. Essa pessoa é uma ilha, onde só chegam a nado os escolhidos, que serão poucos, aliás, e todos como ela mesma. Basicamente um lugar chato.

E tem também a versão autopiedosa de quem prefere julgar o outro pelo que ele parece ser. Em pé, na banca, a mulher do lado comenta a terceira gravidez de Angélica. "Com todo esse dinheiro, até eu teria três filhos". Vai dizer que você nunca ouviu isso? A mulher resolveu se justificar jogando para o outro, a Angélica, a "vida fácil" que ela não tem. É claro que o dinheiro ajuda. Problemas práticos se afastam. Você contrata alguém para cozinhar, lavar, arrumar, pagar suas contas e até organizar o seu armário, se quiser. E tem todo o *glamour*, as portas que se abrem, a profissão que rende dinheiro, etc. Quase um conto de fadas. Mas ter filhos é mais do que bancar escola, médico, roupas e brinquedos. É mais do que proporcionar viagens e conforto. O que um filho precisa mesmo é de atenção e proteção, e essas mercadorias podem faltar tanto nas famílias abastadas como nas carentes. Além do mais, o imponderável da vida é democrático, vale para todos nós. Muitas vezes é essa sensação de não controlar o mundo que deixa as pessoas inseguras e com medo. Para esse medo, não tem dinheiro que dê jeito.

(Continua)

(Continuação)

> Não sei da vida da Angélica, não é minha amiga e nunca a entrevistei. O que eu quero dizer é que apontar os privilégios alheios para justificar as minhas dificuldades é o pior caminho. O fato do outro não ter passado pelas mesmas experiências, de não ter necessariamente "começado de baixo", de não ter sofrido com uma determinada doença, não ter ficado desempregado não o desqualifica, apenas o caracteriza como alguém diferente de quem passou por tudo isso.
>
> É bom se identificar. Abrimos as portas da nossa alma para pessoas que parecem refletir nossos pensamentos. Nada mais reconfortante do que ler uma crônica política que traduza nossa indignação. É libertador rir de uma cena no cinema que parece tirada da nossa vida particular. Mas nada mais enriquecedor do que descobrir no outro, sentimentos como os meus. É a humanidade que nos aproxima. E humanidade é o único antídoto que conheço para a intolerância e para o monopólio da dor. Se somos todos humanos, rimos e choramos.

1. Analise o título do texto e identifique qual é o pressuposto por ele evocado e quais são as ideias por ele acionadas que podem vir a ser comprovadas pela leitura do texto.

2. Releia o texto e reescreva-o com suas palavras, apenas reportando as informações principais.

3. Indique, em uma frase, o ponto de vista (ou *ideia núcleo*) de cada parágrafo.

4. Releia o texto novamente e preste atenção em como se dá a passagem de um parágrafo a outro, a ligação entre os pontos de vista dos parágrafos, pensando no uso do conhecimento de mundo, conhecimento linguístico e conhecimento situacional.

5. Agora, faça um esquema do texto.

6. Por fim, ao reler o texto, suas anotações e o esquema, escreva uma frase que mostre a compreensão final do texto.

REFERÊNCIAS

ABAURRE, M. L. M.; ABAURRE, M. B. M. *Produção de texto*: interlocução e gêneros. São Paulo: Moderna, 2007.

CARVALHO, J. S. F. de. Educação para a cidadania. *Revista Nova Escola*, jun./jul. 2003.

CARVALHO, V. de. Charlie Hebdo: um crime injustificável. *O Povo*, 22 jan. 2015. Disponível em: <http://www.opovo.com.br/app/opovo/opiniao/2015/01/22/noticiasjornalopiniao,3380962/charlie-hebdo-um-crime-injustificavel.shtml>. Acesso em: 22 mar. 2015.

CLEMENTE, I. A vida do outro é sempre mais fácil. *Revista Época*, 14 mar. 2012. Disponível em: <http://colunas.revistaepoca.globo.com/mulher7por7/2012/03/14/a-vida-do-outro-e-sempre-mais-facil/>. Acesso em: 22 mar. 2015.

KOCH, I. V.; ELIAS, V. M. *Ler e compreender*: os sentidos do texto. 2. ed. São Paulo: Contexto, 2007.

KOCH, I. V.; ELIAS, V. M. *Ler e escrever estratégias de produção textual*. 2. ed. São Paulo: Contexto, 2010.

MARCONI, M. A.; LAKATOS, E. M. *Fundamentos de metodologia científica*. 7. ed. São Paulo: Atlas, 2010.

MARCUSCHI, L. A. Gêneros textuais: definição e funcionalidade. In: DIONÍSIO, Â. P.; MACHADO, A. R. M.; BEZERRA, M. A. (Org.). *Gêneros textuais e ensino*. Rio de Janeiro: Lucerna, 2002.

MARCUSCHI, L. A. *Produção textual, análise de gêneros e compreensão*. São Paulo: Parábola, 2008.

NOGUEIRA, S. Superplanta faz mais fotossíntese. *Superinteressante*, maio 2014. Disponível em: <http://super.abril.com.br/ciencia/superplanta-faz-mais-fotossintese-800049.shtml>. Acesso em: 22 mar. 2015.

POR QUE crianças têm dificuldade de compartilhar. *Mente e Cérebro*, ago. 2012. Disponível em: <http://www2.uol.com.br/vivermente/noticias/por_que_criancas_tem_dificuldade_de_compartilhar.html>. Acesso em: 22 mar. 2015.

SAMPAIO, A. S. A microfísica do espetáculo. *Observatório da Imprensa*, n. 735, fev. 2013. Disponível em: <http://www.observatoriodaimprensa.com.br/news/view/_ed735_a_microfisica_do_espetaculo>. Acesso em: 22 mar. 2015.

LEITURA COMPLEMENTAR

NADÓLSKIS, H. *Normas de comunicação em língua portuguesa*. 26. ed. São Paulo: Saraiva, 2012.

Cristina Rörig Goulart
Tânia Aiub

capítulo 4

O texto e os fatores de textualidade

Nos capítulos iniciais, apresentamos noções de língua, linguagem, gramática, variação linguística, leitura e compreensão. Agora, abordaremos um tema bastante importante da comunicação, que se relaciona com os temas das discussões apresentadas anteriormente: o texto.

Utilizamos textos diariamente, mas poucas vezes paramos para pensar em como eles são estruturados e em como podemos, a partir do conhecimento acerca de sua composição, construir sentidos de forma mais eficiente e comunicar o que realmente queremos. Por isso, neste capítulo, falaremos sobre ele, destacando alguns fatores de textualidade, ou seja, aqueles que proporcionam articulação, coesão e coerência textual.

Objetivos de aprendizagem

- Definir texto e textualidade, entendendo o que diferencia um amontoado de frases de um texto.
- Reconhecer os principais fatores de textualidade.
- Identificar articuladores textuais, indicando que tipo de relação de sentido cada conector estabelece.
- Citar e explicar os mecanismos de coesão sequencial e coesão referencial.
- Distinguir coesão e coerência.
- Produzir textos coesos e coerentes.

❯❯ Língua, sujeito e subjetividade

> ❯❯ **IMPORTANTE**
> O texto é uma atividade prática, um meio pelo qual a língua se manifesta, ou seja, pelo qual podemos expressar nossas intenções de acordo com o que queremos fazer.

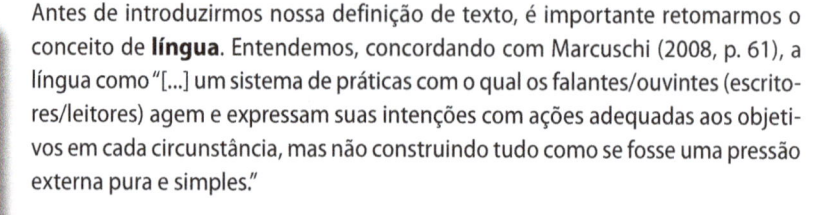

Antes de introduzirmos nossa definição de texto, é importante retomarmos o conceito de **língua**. Entendemos, concordando com Marcuschi (2008, p. 61), a língua como "[...] um sistema de práticas com o qual os falantes/ouvintes (escritores/leitores) agem e expressam suas intenções com ações adequadas aos objetivos em cada circunstância, mas não construindo tudo como se fosse uma pressão externa pura e simples."

Como vimos em capítulo anterior, se objetivarmos enviar um *e-mail* para nosso superior a fim de tirar uma dúvida, construiremos um texto para expressar essa dúvida de maneira formal. Por outro lado, se enviarmos um *e-mail* a um amigo, convidando-o para uma festa, faremos outro tipo de texto, adequado ao grau de informalidade entre os conhecidos. Assim, há uma certa naturalidade no uso da língua pelo falante de acordo com o **contexto comunicativo** historicamente situado.

> ❯❯ **DEFINIÇÃO**
> A subjetividade na linguagem, segundo Benveniste (2005), é a capacidade de o locutor se propor como sujeito.

A língua existe em função do sujeito, mas quem é esse sujeito da linguagem? No que diz respeito às questões de linguagem, neste capítulo, tomaremos como **sujeito** aquele que se constitui na relação com o outro, inscrito na história e na língua.

Não podemos deixar de mencionar a questão enunciativa, neste ponto, da **subjetividade**. A construção de si somente é possível na relação com o outro, por meio do contraste. Somente podemos ver como somos ao nos colocarmos em diálogo com o outro; assim, ocorre uma alternância entre quem se enuncia, o **eu**, e a quem é dirigida essa enunciação, o **tu**. E da relação entre o "eu" e o "tu", da intersubjetividade, temos a subjetividade.

❯❯ O texto

Recapitulados conceitos importantes, podemos adentrar o estudo do texto propriamente dito. Para nos relacionarmos com outras pessoas, utilizamos textos. O **texto** constitui uma unidade de sentido; por meio dele, podemos observar o uso da língua. Ao compormos um texto, estamos reconstruindo um mundo a partir de ações linguísticas, sociais e cognitivas (MARCUSCHI, 2008). Além disso, ao produzir textos, estamos nos inserindo em uma cultura e dominando uma língua.

Para entendermos o que está envolvido na compreensão de um texto, vejamos o exemplo da anedota abaixo.

> **Avião sem combustível**
>
> O avião contata a torre:
>
> - Torre, aqui Cessna 1325, piloto estudante, estou sem combustível.
>
> Na torre, todos os mecanismos de emergência são acionados, todas as pessoas ficam atentas e já ninguém tem sequer um copo de café na mão. O suor corre em algumas faces e o controlador responde ao piloto:
>
> - Roger, Cessna 1325. Reduza velocidade para planar. Tem contato visual com a pista?
>
> E responde o piloto novato:
>
> - Bem... quer dizer... eu estou na pista... só estou à espera que me venham liberar o abastecimento.
>
> *Fonte:* Anedota do dia, 2015.

>> **IMPORTANTE**
O texto é um evento comunicativo, ou seja, para que haja a compreensão textual é preciso haver a articulação de três aspectos: linguístico, social e cognitivo.

Devemos levar em consideração, para interpretar o evento representado, os seguintes aspectos:

- As personagens envolvidas: o piloto novato, os controladores de voo.
- O fato de ser uma situação conhecida – um voo de uma aeronave.
- O ato de o avião estar sem combustível.
- A situação de humor produzida pela interpretação equivocada do dizer "estou sem combustível", em que se produz um engano referencial com um efeito intencional.

A frase "estou sem combustível" deveria ser interpretada de acordo com a situação em que se encontrava o piloto, provavelmente preparando-se para levantar voo. No entanto, os controladores da torre de comando a tomaram como sendo um pedido de socorro, interpretando-a em outro contexto situacional: o momento do pouso. Ou seja, a interpretação da torre de comando teve uma função contextual diferente – a de um pedido de socorro, e não solicitação de abastecimento. Assim, o piloto ficou desconcertado ao ter que dizer a última frase, elucidando a falta de combustível.

Lembremos, do capítulo anterior, que os conhecimentos prévios do leitor são necessários para garantir a compreensão do texto – no caso, para reconhecer a situação da falta de combustível associada a aeronaves. Para a compreensão do texto, houve, portanto, uma articulação entre o aspecto linguístico (as falas das personagens), o aspecto social (situação de trabalho que envolve um piloto novato) e o aspecto cognitivo (os conhecimentos envolvidos sobre voos de aeronaves para a compreensão textual).

Considerando os aspectos citados no exemplo anterior, ao olharmos para a produção textual, é preciso que tenhamos em mente algumas questões. Uma delas é que devemos seguir algumas normas, ou seja, não podemos enunciar os conteúdos de qualquer modo, pois a maneira como enunciamos implica na compreensão ou não do texto. Além disso, temos de considerar o interlocutor e a situação na qual o texto deve estar inserido, uma vez que é necessário delimitar o que se irá dizer.

Bem, podemos, então, fazer o seguinte questionamento: há critérios para a textualidade? Veremos a resposta dessa questão na seção a seguir.

> **» DEFINIÇÃO**
> **Textualidade** é um conjunto de características que levam um texto a ser considerado, de fato, um texto, e não apenas um amontoado de palavras e frases.

» Como articular e dar unidade ao texto

> **» PARA REFLETIR**
> Quando você está produzindo um texto, pensa conscientemente nos recursos que irá utilizar para que o texto faça sentido como um todo e para que as ideias fiquem bem amarradas? Quais são os mecanismos que você usa?

Os estudos da linguagem, principalmente a partir da década de 1980, começaram a "[...] pesquisar o que faz que um texto seja um texto [...]" (KOCH, 2001, p. 14). Assim, além de se voltarem para a textualidade, passaram a enfocar questões sobre como as capacidades de produzir e reconhecer textos são adquiridas.

Nesses estudos, o objeto texto passou a ser tomado como uma **totalidade de significação**, não sendo mais compreendido como uma mera soma de frases e palavras que são analisadas isoladamente. A partir desse período, a ciência da linguagem tem buscado descrever e compreender fatores responsáveis pela textualidade, ao mesmo tempo em que se dedica a tentar desvendar como se estabelecem, nos indivíduos, tanto a competência como os diferentes níveis de desempenho textual. Alguns desses fatores serão abordados a seguir.

Os articuladores textuais

Ao olharmos para um texto em busca de sua compreensão, temos de considerar como as ideias apresentadas estão interligadas, ou seja, quais elementos estabelecem relações de sentido entre palavras, frases e parágrafos. Tais elementos, que podem ser preposições, advérbios ou conjunções, são chamados de **conectores**, **conectivos** ou **nexos**. Eles são considerados os **articuladores textuais**.

Acompanhe a análise do fragmento de texto a seguir (VEJA..., 2014). Serão destacados alguns de seus articuladores, acompanhados de breves comentários acerca das relações por eles estabelecidas.

Veja o que muda com os novos termos de uso do Facebook		
A rede social está informando seus usuários que as regras serão alteradas a partir de 1º de janeiro de 2015		
	O Facebook está informando seus usuários **sobre** uma atualização nos termos e políticas de dados da rede social, que começa a valer no dia 1º de janeiro de 2015. As novidades incluem novas políticas de dados, privacidade e controle de anúncios.	O uso da preposição **sobre** indica o assunto do qual se está falando.
O conector **para** mostra uma finalidade, o objetivo do uso da rede social. Neste caso, o **como** indica um modo, uma maneira. O nexo **caso já** inicia uma condição.	Veja o que mudou: **Noções básicas de privacidade** A nova página de noções básicas de privacidade mostra, de forma didática, **como** usar as ferramentas da rede social **para** decidir quem pode visualizar o que o usuário publica (seus amigos, os amigos de amigos, todo mundo, todos menos alguém na sua lista de amigos, etc.) e **como** ele interage **com** outros perfis. **Caso já** tenha configurado suas preferências **de** privacidade no cadeado do canto superior direito da página, isto não deverá ser nenhuma novidade.	O conector **como** indica conformidade, modo. A preposição **com** indica companhia. A preposição **de** marca um conteúdo, qualifica o tipo da preferência.

(Continua)

(Continuação)

Veja o que muda com os novos termos de uso do Facebook

Os anúncios

O nexo **antes** marca um tempo discursivo.

Outra coisa aperfeiçoada foi o controle dos anúncios **através** de vários dispositivos. **Antes**, a escolha por certa publicidade feita no computador não era salva no dispositivo móvel (e vice-versa), forçando o usuário a realizar várias vezes o mesmo procedimento. **A partir de agora**, as decisões serão aplicadas a tudo.

Através marca o modo por meio do qual se dará o controle.

Da mesma forma que **antes**, os nexos **a partir de agora** e **em breve** marcam temporalidade.

Em breve, você terá a opção de clicar **em** "Por que estou vendo isso?" a cada anúncio que aparece.

A preposição **em** marca o lugar, indica onde se deve clicar.

A preposição **sobre** marca um assunto.

Em "para o usuário", **para** indica a pessoa, mostra uma explicação. No caso de "para que sejam", há uma relação de finalidade.

Daí, o usuário verá uma explicação **sobre** a razão e terá acesso à opção "Gerenciar suas preferências de anúncios". Clicando nela, verá os públicos de interesse dos quais faz parte e que influenciam a exibição dos anúncios.

O nexo **daí** continua marcando a sequência temporal das ações.

O nexo **e** liga duas ideias em direção a uma mesma conclusão.

A quantidade de caixinhas não marcadas não determina a não apresentação de anúncios daquelas categorias de interesse. **Apenas** ajuda o algoritmo a saber os assuntos que são menos relevantes **para** o usuário, **para** que sejam mostrados com menor frequência.

O nexo **apenas** delimita uma retificação, coloca o que a quantidade de caixinhas não marcadas realmente faz.

Outros serviços

De acordo com marca uma relação de conformidade.

De acordo com os novos termos, a rede social poderá coletar informações dos usuários em outros produtos que fazem parte da mesma empresa, como Instagram, WhatsApp, Oculus Rift e Moves.

As atualizações das políticas **também** explicam como outros serviços funcionam. **Por exemplo**, a bateria e a força do sinal ajudam a certificar que o *app* da rede digital funciona bem no seu dispositivo. Sua localização também pode ser usada para exibir anúncios de locais próximos.

O conectivo **também** estabelece uma adição de ideias.

O uso de **por exemplo** traz uma exemplificação

Como foi possível perceber pelo exemplo, existe uma grande quantidade de articuladores textuais, e muitos deles podem desempenhar mais de uma função, ou seja, representar mais de uma ideia, dependendo do contexto. Veja, a seguir, uma listagem de conectores, classificados de acordo com as possíveis relações que estes podem estabelecer nos textos.

- **Relação de adição:** os articuladores relacionam ideias que se adicionam a favor de uma mesma conclusão. Os principais são: *e, nem, ainda, também, além disso, não só… como, tanto… como*, entre outros.

- **Relação de oposição:** os conectores articulam ideias que se opõem de alguma forma. Trata-se dos articuladores: *mas, porém, contudo, todavia, no entanto, entretanto, não obstante, embora, ainda que, mesmo que, apesar de que*, entre outros.

- **Relação de causalidade:** dois enunciados se combinam: um expressa a causa que leva a determinada consequência, presente no outro enunciado. São articuladores de causalidade: *porque, pois, já que, uma vez que, visto que, como, tão… que, tanto… que, por isso*, entre outros.

- **Relação de explicação:** os articuladores *que, porque* e *pois* introduzem uma explicação ou uma justificativa de algo anteriormente enunciado. Desta forma, o segundo enunciado justifica o conteúdo do primeiro.

- **Relação de conclusão:** os articuladores *assim, dessa forma, então, logo, pois, por conseguinte, portanto*, entre outros, introduzem um enunciado que estabelece uma conclusão em relação a um enunciado anterior.

- **Relação de condicionalidade:** um enunciado expressa uma condição que precisa ser satisfeita para que o outro enunciado seja verdadeiro ou factível. Os principais articuladores de condicionalidade são: *se, caso, desde que, contanto que*, entre outros.

- **Relação de finalidade:** uma das proposições do período explicita o meio para se atingir determinado fim, expresso no outro enunciado. Trata-se dos articuladores *para, para que, a fim de, a fim de que, com o intuito de*, entre outros.

- **Relação de comparação:** para se estabelecer uma comparação, é necessário que haja pelo menos dois elementos, entre os quais o jogo comparativo se estruturará. Os principais articuladores são: *como, assim como, tão … como, tanto… quanto, mais… que, menos… que*, entre outros.

- **Relação de conformidade:** há duas proposições, sendo que o conteúdo de uma está em conformidade com o que se afirma em outra. Trata-se dos articuladores: *como, conforme, consoante, de acordo com, segundo, para*, entre outros.

> **» ATENÇÃO**
> Para saber precisamente qual é a ideia articulada por um conector, é preciso sempre voltar ao contexto linguístico para ver as relações estabelecidas; não se deve simplesmente decorar o sentido dos nexos.

- **Relação de temporalidade**: ações, eventos ou estados de coisas são localizados no tempo. Os principais articuladores são: *quando, sempre que, toda vez que, depois que, mal, enquanto, à medida que, à proporção que*, entre outros.

- **Relação de alternância**: as proposições que estabelecem entre si uma relação de alternância podem expressar exclusão ou inclusão de ideias. Tratam-se dos articuladores: *ou, ou… ou, ora… ora, seja… seja*, entre outros.

O bom uso das conjunções, dos advérbios e das preposições garante a estruturação das frases e dos parágrafos, bem como facilita a compreensão textual. Os articuladores fazem parte da arquitetura do texto, e o êxito da construção textual está relacionado ao conhecimento dos conectores e de seu emprego, uma vez que eles interferem semanticamente nos enunciados.

Por isso, quando escrevemos ou lemos um texto, devemos prestar atenção aos nexos. Nos textos narrativos, eles estão ligados à condução da história, marcando o tempo, as finalidades, as causas e as consequências. Nos textos dissertativos, os conectores conduzem a linha argumentativa adotada, auxiliando na construção do ponto de vista defendido pelo autor.

>> Agora é a sua vez!

Leia o texto a seguir (FRANCO, 2015). Destaque os conectores e indique qual é a relação estabelecida por cada um deles.

Poço sem fundo

Por Bernardo Mello Franco

BRASÍLIA - A nova maré de más notícias para a Petrobras mostra que o inferno da estatal ainda está muito longe do fim. Mais do que isso, deixa claro que a estratégia do governo para enfrentar a crise fracassou. Se não houver mudança rápida, a catástrofe ficará ainda maior.

As ações da companhia despencaram ontem mais 11%, o que fez seu valor de mercado cair R$ 13,9 bilhões em um dia. É uma montanha quase incalculável de dinheiro. Para efeito de comparação, o gasto com os 12 estádios da Copa estourou todos os orçamentos e ficou em R$ 8,3 bilhões.

O novo tombo foi provocado pela recusa da direção da Petrobras em contabilizar os prejuízos com a corrupção. A estatal retardou a divulgação do último balanço em mais de dois meses. Quando finalmente soltou os números, omitiu o essencial.

> Os investidores, que não são bobos, reagiram com uma fuga em massa dos papéis da companhia. Os empresários sondados para integrar seu conselho de administração devem fazer o mesmo, agravando o isolamento da presidente Graça Foster.
>
> No mesmo dia, a defesa do doleiro Alberto Youssef afirmou à Justiça que a engrenagem da corrupção na estatal foi montada para financiar o projeto de poder do PT e de seus aliados no Congresso.
>
> Youssef é um réu confesso em busca de redução de pena, mas suas revelações têm ajudado a Polícia Federal a fechar os elos do esquema. O medo que reina no meio político sugere que ele merece ser ouvido.
>
> A presidente Dilma Rousseff insiste em culpar "inimigos externos" pela petrocorrupção. A estatal segue a receita ao ignorar os apelos por transparência e esconder o tamanho do rombo. Somadas, as duas atitudes vão empurrando a maior empresa brasileira para um poço sem fundo.

» A coesão textual

> **» PARA REFLETIR**
>
> Que relação podemos fazer entre o uso de conectores e a coesão textual?

A coesão textual, ao lado de outros fatores reconhecidos como constituintes da textualidade (como a coerência, a informatividade, a situacionalidade, a intencionalidade, a intertextualidade e a aceitabilidade), constitui-se em um foco de observação importante para os estudos da análise e da produção textual.

Quando escrevemos um texto, temos a preocupação de "amarrar" a frase seguinte à anterior, para que o vínculo entre elas se mantenha; caso contrário, teremos uma sequência de frases sem sentido, sucedendo-se umas às outras sem muita lógica, sem nenhuma coerência. No segundo caso, o texto fica sem coesão.

> **» DEFINIÇÃO**
> A **coesão** é o processo por meio do qual se busca "costurar" uma frase a outra.

A seguir, trataremos da **coesão sequencial** e da **coesão referencial**. Como elementos de coesão sequencial, podemos citar alguns recursos específicos, como a paráfrase e o uso de marcadores de progressão textual que instauram "etapas de texto", bem como de marcadores de articulação (p. ex., conjunções e conectores em geral). Já a coesão referencial trata das substituições, das pronominalizações, das repetições, das definitivizações e das elipses.

A coesão sequencial

Segundo Koch e Elias (2007), a construção da **sequência textual** decorre das diversas atividades realizadas por quem escreve o texto para fazê-lo progredir, mantendo a linha do discurso. Uma forma de estabelecer a sequência textual envolve a **recorrência de termos**, ou seja, a reiteração de um mesmo item lexical. Veja, como exemplo, o texto a seguir (COSTA, 2014).

Triste realidade

Havia lixeiras, mas nem todas as pessoas levavam seu lixo até elas. Havia chuveiros, mas nem todos os fechavam depois de usados, e muitos os usavam sem qualquer parcimônia (apesar da escassez de água), para lavar pranchas de *surf* ou cadeiras de praia, por exemplo. E isso porque estou me restringindo a dar apenas dois exemplos, aqueles que considero mais emblemáticos, dois dos temas mais batidos em termos de **educação ambiental** no país: as necessidades de se dispor corretamente o próprio lixo e de se economizar e fazer bom uso da água.

Afinal, quem ainda não ouviu falar sobre isso? Na escola, sobretudo na educação infantil e no ensino fundamental, há uma verdadeira *overdose* de conteúdos abordando as questões da água e do lixo. Na TV, assim como na mídia em geral, esses também são os temas mais lembrados quando se trata de **educação ambiental**.

Não se trata, portanto, de falta de informação. Fala-se de cuidar do ambiente desde os idos tempos de Sujismundo. Já era hora, portanto, de termos uma geração (ou mais) de pessoas que realmente praticassem esses preceitos básicos da **educação ambiental**. Mas não é o que se constata em muitos lugares públicos, como a praia.

Outra maneira de construir a sequência textual consiste na **recorrência de estrutura sintática**, preenchida a cada vez com palavras diferentes. Por exemplo:

A pesquisa foi baseada nas respostas dadas pelos concluintes de cursos e participantes do Exame Nacional de Desempenho de Estudantes (Enade) no período de 2010 a 2012. O levantamento traça um perfil dos estudantes que participam de programas de iniciação científica (TOKARNIA, 2014).

Nesse exemplo, temos a repetição de uma estrutura sintática preenchida por léxicos diferentes: "A pesquisa foi baseada nas respostas dadas" / "O levantamento traça um perfil". Há um sujeito, um verbo e complementos: segue-se essa mesma ordem sintática.

Além da reiteração de estruturas, é possível manter a sequência textual por meio da **recorrência de conteúdo semântico**, em forma de **paráfrase**, que é a repetição de uma sentença com outras palavras, sem alterar as ideias do texto original. Por exemplo: "O estudo do budismo nos permite entrar em contato com o nosso eu para aprendermos a fazer diferente, fazer de novo e fazer melhor." Nesse caso, temos um conteúdo semântico sendo apresentado sob formas estruturais diferentes. Apesar de haver uma repetição do conteúdo em formas diferentes, ele não se mantém o mesmo totalmente, pois, a cada reformulação, sofre alguma alteração, que pode "[...] consistir, muitas vezes, em ajustamento, reformulação, desenvolvimento, síntese ou precisão maior do conteúdo que está sendo representado." (KOCH; ELIAS, 2007, p. 154).

Para introduzir a paráfrase, alguns conectores podem ser utilizados. Entre eles, é possível citar: *isto é*, *ou seja*, *quer dizer*, *ou melhor*, *em síntese*, *em resumo*. Por exemplo:

> Para que a educação sexual seja realmente eficaz, considera Meinardi, há muito mais trabalho a ser feito (COSTA, 2014). Trabalho que, segundo a pesquisadora, depende de visão e ação em contexto. **Ou seja**, que envolva múltiplos setores e esferas culturais e em uma perspectiva que leve em conta, respeite e dialogue também com as diferentes visões e conhecimentos que se apresentam na sociedade.

Além das formas descritas de manter a sequência textual, há ainda a estratégia de recorrência de tempo para a manutenção da coesão textual.

A temporalidade situa os acontecimentos em relação ao momento da fala, que é sempre um agora, ou em relação a marcos temporais inscritos no texto, os quais podem ser pretéritos ou futuros ao momento da fala. Assim, entende-se que há dois modos de ordenar o tempo num texto: a) em relação a um momento de fala; b) em relação a um marco temporal instaurado no texto (FIORIN; SAVIOLI, 2006).

Ordenação em relação ao momento da fala:

1. Tempo presente, marca um acontecimento concomitante ao momento da fala. O presente exprime aquilo que se dá no momento da fala. Exemplos: Como você **vê**, agora **estou** estudando.

2. O pretérito perfeito, quando o acontecimento for anterior ao momento da fala. Exemplo: Na noite de ontem, **choveu** torrencialmente.

3. O futuro do presente, quando o acontecimento for posterior ao momento da fala. Exemplo: Amanhã, **receberemos** a visita de meu irmão.

Ordenação em relação ao marco temporal:

1. Os fatos podem ser concomitantes, anteriores ou posteriores ao marco temporal quando ele estiver no passado. Quando houver concomitância, tem-se o pretérito-perfeito, o pretérito imperfeito. Se houver anterioridade ao marco temporal pretérito, tem-se o pretérito-mais-que-perfeito. Ao observar-se uma posterioridade ao marco temporal pretérito, estabelece-se o futuro do pretérito.

>> **EXEMPLO**

Concomitância: *No dia 11 de setembro de 2001, os Estados Unidos **sofreram** um atentado terrorista.*

Anterioridade: *Ela **deixara** o escritório quando os aviões **chocaram-se** contra as torres.* Passado anterior: deixar o escritório; passado posterior: aviões baterem nas torres.

Posterioridade: *No dia do atentado, 11 de setembro de 2001, Alice **entrevistaria** um candidato a uma vaga de emprego.* Passado anterior: dia do atentado; passado posterior: entrevistar o candidato.

2. Os fatos podem ser concomitantes, anteriores ou posteriores a um marco de futuro no texto. Quando houver concomitância, tem-se um presente do futuro. Se o acontecimento for anterior a um futuro, tem-se o chamado futuro anterior. Quando houver posterioridade a um marco temporal futuro, verifica-se o futuro do futuro.

>> **EXEMPLO**

Concomitância: *Quando você **chegar**, **estarei** ainda vendo tevê.* Assim, a ação de chegar e de ver TV são concomitantes.

Anterioridade: *Quando você **chegar**, já **terei ido** dormir.* A ação de dormir é anterior à ação de chegar, e ambas acontecerão em um tempo futuro ao momento da fala.

Posterioridade: *Depois que **chegar** da PUC, **tomarei** um banho.* A ação de tomar banho será realizada após a chegada em casa, e ambas acontecerão em um tempo futuro ao momento da fala.

Os advérbios de tempo também podem ser organizados em relação ao momento da fala ou a marcos temporais pretéritos ou futuros inscritos no texto, a fim de manterem a coesão textual em relatos e narrativas.

Quadro 4.1 >> Advérbios que situam os acontecimentos em relação ao momento de fala

Anterior	Concomitante	Posterior
Há pouco	Agora	Daqui a pouco/logo
Ontem	Hoje	Amanhã
Há um mês/ano/etc.	Neste momento/nesta altura	Dentro de/em/uma semana/um mês
No mês/ano passado	No próximo dia 21/mês/ano	No último mês/dia 5

Fonte: Savioli; Fiorin (2006).

Quadro 4.2 >> Advérbios e expressões de valor adverbial que situam os acontecimentos em relação a um marco temporal pretérito ou futuro

Anterior	Concomitante	Posterior
Na véspera	Então	No dia/mês/ano x
Na antevéspera	No mesmo dia/mês	Um dia depois
No dia/mês/ano x		Daí/Dali uma hora/dia
Uma semana antes/um ano antes		

Fonte: Savioli; Fiorin (2006).

>> Agora é a sua vez!

1. Leia ao texto abaixo (MEDEIROS, 2012) e responda as questões sobre ele.

Coragem

Por Martha Medeiros

"A pior coisa do mundo é a pessoa não ter coragem na vida". Pincei essa frase do relato de uma moça chamada Florescelia, nascida no Ceará e que passou (e vem passando) poucas e boas: a morte da mãe quando tinha dois anos, uma madrasta cruel, uma gravidez prematura, a perda do único homem que amou, uma vida sem porto fixo, sem emprego fixo, mas sonhos diversos, que lhe servem de sustentação.

Ela segue em frente porque tem o combustível que necessitamos para trilhar o longo caminho desde o nascimento até a morte. Coragem.

Quando eu era pequena, achava que coragem era o sentimento que designava o ímpeto de fazer coisas perigosas, e por perigoso eu entendia, por exemplo, andar de tobogã, aquela rampa alta e ondulada em que a gente descia sentada sobre um saco de algodão ou coisa parecida.

Por volta dos nove anos, decidi descer o tobogã, mas na hora H, amarelei. Faltou coragem. Assim como faltou também no dia em que meus pais resolveram ir até a Ilha dos Lobos, em Torres, num barco de pescador. No momento de subir no barco, desisti. Foram meu pai, minha mãe, meu irmão, e eu retornei sozinha, caminhando pela praia, até a casa da vó.

Muita coragem me faltou na infância: até para colar durante as provas eu ficava nervosa. Mentir para pai e mãe, nem pensar. Ir de bicicleta até ruas muito distantes de casa, não me atrevia. Travada desse jeito, desconfiava que meu futuro seria bem diferente do das minhas amigas.

Até que cresci e segui medrosa para andar de helicóptero, escalar vulcões, descer corredeiras d'água. No entanto, aos poucos fui descobrindo que mais importante do que ter coragem para aventuras de fim de semana, era ter coragem para aventuras mais definitivas, como a de mudar o rumo da minha vida se preciso fosse. Enfrentar helicópteros, vulcões, corredeiras e tobogãs exige apenas que tenhamos um bom relacionamento com a adrenalina.

Coragem, mesmo, é preciso para terminar um relacionamento, trocar de profissão, abandonar um país que não atende nossos anseios, dizer não para propostas lucrativas, porém vampirescas, optar por um caminho diferente do da boiada, confiar mais na intuição do que em estatísticas, arriscar-se a decepções para conhecer o que existe do outro lado da vida convencional. E, principalmente, coragem para enfrentar a própria solidão e descobrir o quanto ela fortalece o ser humano.

Não subi no barco quando criança – e não gosto de barcos até hoje. Vi minha família sair em expedição pelo mar e voltei sozinha pela praia, uma criança ainda, caminhando em meio ao povo, acreditando que era medrosa. Mas o que parecia medo era a coragem me dando as boas-vindas, me acompanhando naquele recuo solitário, quando aprendi que toda escolha requer ousadia.

a) O enunciado "Por volta dos nove anos, decidi descer o tobogã [...]" representa um fato concomitante a um momento de referência passado. Identifique e diga qual é o momento de referência passado e qual é o acontecimento.

b) Explique as possíveis relações entre os tempos marcados nos enunciados abaixo. Pense se os fatos acontecem ao mesmo tempo (são concomitantes), ou em tempos diferenciados (um anterior ao outro ou um posterior ao outro):

<u>Quando eu era pequena</u>, *achava que coragem era o sentimento que designava o ímpeto de fazer coisas perigosas.*

<u>No momento de subir no barco</u>, *desisti.*

Foram meu pai, minha mãe, meu irmão, e eu *retornei* sozinha, caminhando pela praia, até a casa da vó.

c) Como são construídos os sentidos atribuídos à coragem, do início ao final do texto, em relação aos diferentes acontecimentos apresentados pelo locutor, e que formam a progressão textual?

2. Escreva um pequeno texto, de no máximo 20 linhas, sobre um tema livre. Utilize pelo menos uma vez cada um dos seguintes recursos de coesão sequencial: recorrência de termos, recorrência de estrutura sintática e paráfrase. Depois, entregue seu texto a um colega e pegue o dele. Cada um deverá identificar o uso desses recursos no texto do outro.

A coesão referencial

Outro recurso relacionado ao encadeamento das ideias dentro de um texto é a **coesão referencial**. Esse tipo de coesão se refere às formas de garantir a fluidez do texto, facilitando sua leitura.

Para assegurar a boa leitura, é importante que não haja repetição excessiva das palavras, por exemplo, pois isso pode interromper o fluxo e levar o leitor a não concluir o texto. Isso pode ser evitado com o uso de mecanismos de coesão referencial, de referenciação.

A **referenciação** diz respeito a um processo realizado no discurso e decorre da construção de referentes. Trata-se de um fator fundamental para a composição da teia de sentidos que é um texto.

Referir não significa rotular elementos de um mundo preexistente; trata-se de uma atividade discursiva. Isso quer dizer que construímos os referentes, ou objetos de discurso, por meio do que falamos ou escrevemos. Neste contexto, o mundo serve de base para a designação dos referentes.

O Quadro 4.3 apresenta alguns mecanismos de coesão referencial.

> **» DICA**
> Com o recurso da **referenciação**, em vez de se repetir uma mesma palavra, são feitas referências a ela por meio de mecanismos distintos.

Quadro 4.3» Mecanismos de coesão referencial

Tipo de coesão referencial	Definição	Exemplo
Pronominalização	Utilização de pronomes (retos, oblíquos, demonstrativos, possessivos, relativos, indefinidos, de tratamento) para retomar um referente.	"Sempre acreditei que o **trabalho** é um instrumento de realização pessoal. Com **ele** e por meio **dele** podemos atingir nossos objetivos enquanto nos tornamos pessoas melhores – mais completas e conscientes de nós mesmos." (ESTEVES, 2014).
Sinonímia	Uso de palavras com o mesmo sentido (ou com sentido muito parecido) dos elementos a serem retomados.	"Desde junho do ano passado, o cinema viaja pelo Brasil em um veículo equipado com placas solares, que são capazes de converter a energia vinda do Sol em eletricidade. Essa energia fica armazenada em baterias e é utilizada nas **exibições dos filmes**. Até o momento, mais de 110 **sessões** foram realizadas e mais de 270 mil watts de energia economizados." (GARCIA, 2014).

(Continua)

(Continuação)

Quadro 4.3>> Mecanismos de coesão referencial

Elipse	Supressão da referência direta, por esta estar no contexto.	"A rua deserta, ninguém àquela hora na rua."*
Nominalização	Uso de um substantivo que retoma, semanticamente, um verbo utilizado no texto.	"Bom, dividi um pouco da minha percepção e alguns dados com um único objetivo – reforçar a ideia de que vocês podem e devem **ESCOLHER** antes de serem **escolhidos**." (ESTEVES, 2014).
Epítetos e menções culturais do mundo	Menção a uma informação ou atribuição que, normalmente, funciona como referência de conhecimento universal.	"Mais de 125 anos depois da descoberta de seu agente causador e do desenvolvimento de medicamentos eficazes, a **tuberculose** continua sendo um **flagelo para a humanidade**." (SILVA, 2008).
Adverbialização	Uso de palavras que exprimem circunstâncias, tempo, modo, lugar.	"**Paralelamente** à instalação das redes, deve ocorrer a implantação do Plano de Prevenção Contra Incêndios (PPCI) e a realização das obras de acessibilidade previstas para o local. **Atualmente**, é realizada a restauração da parte de alvenaria que pegou fogo no ano passado. A obra, em estágio avançado, pode ser concluída em março." (VARGAS, 2014).

* Observe que após o vocábulo "ninguém", está implícito o verbo estava. Ele não aparece na afirmação, mas podemos notar sua ausência pelo contexto. Por isso dizemos que aqui ocorreu elipse do verbo.

Agora que conhecemos os principais mecanismos de coesão referencial, vejamos alguns exemplos que empregam formas de referenciação:

> Ver um filminho, comendo aquela pipoca, tudo de graça, e ainda por cima sem gerar os impactos ambientais do consumo tradicional de energia elétrica. Essa é a boa ideia trazida pelo projeto Cinesolar, que aposta no acesso à cultura e na sustentabilidade ao levar um cinema itinerante movido a energia solar para várias cidades brasileiras.
>
> Desde junho do ano passado, o cinema viaja pelo Brasil em um veículo equipado com placas solares, que são capazes de converter a energia vinda do Sol em eletricidade. Essa energia fica armazenada em baterias e é utilizada nas exibições dos filmes. Até o momento, mais de 110 sessões foram realizadas e mais de 270 mil watts de energia economizados (LUCARINY, 2014).

Na terceira linha, temos o pronome "essa", ou seja, é usado o mecanismo da pronominalização. Nesse caso, ele retoma toda a ideia exposta na frase anterior: a de ver um filme, comendo pipoca, de graça e sem gerar impactos ambientais associados ao consumo de energia elétrica.

O mecanismo textual de retomar o que foi dito anteriormente para realizar a interpretação de uma expressão do texto pelo seu contexto é chamado de **anáfora**. E o leitor, ao relacionar o pronome "essa" ao que ele se refere, consegue entender a progressão textual intencionada pelo autor de relacionar os assuntos ditos anteriormente, cinema sem impacto ambiental, com os temas: acesso à cultura e sustentabilidade.

Há o mesmo funcionamento textual com outra ocorrência do pronome "essa", dessa vez no segundo parágrafo. Nesse caso, "essa" se refere ao tipo de energia – aquela vinda do Sol. Assim, por meio do processo de anáfora textual, são construídos objetos de discurso diferentes: o cinema e a energia solar.

A anáfora textual é uma das formas de referenciação, mas também existem outras. Veja o exemplo a seguir.

> Será possível que a humanidade pressione de forma tão dramática os recursos naturais de nosso planeta que seja necessário que nos lancemos numa busca desesperada por um novo lar em meio às estrelas, para escapar da exaustão da Terra? Essa é a premissa de *Interestellar*, filme do diretor Christopher Nolan (da trilogia *Batman* e de *A Origem*) que estreou no Brasil na semana passada. Verdadeiro mergulho nas ciências cósmicas e na teoria da relatividade, a produção explora e entrelaça conceitos científicos de forma instigante e, se não chega a se comparar aos clássicos do gênero, é uma das películas de ficção científica mais interessantes dos últimos tempos (GARCIA, 2014).

Observe o seguinte excerto: "Essa é a premissa de *Interestellar*, filme do diretor Christopher Nolan (da trilogia *Batman* e de *A Origem*) que estreou no Brasil na semana passada". Veja que o termo "*Interestellar*" é explicado posteriormente no texto. Esse processo de interpretação textual é chamado de **catáfora**.

Além disso, o referente "*Interestellar*" também é retomado:

- pelas palavras "filme" e "produção";
- por elipse, pois o sujeito está implícito em "...e, se não chega a se comparar aos clássicos do gênero, Ø é uma ...";
- pelo grupo nominal "película de ficção científica".

Esses movimentos de avanço, recuperação e manutenção textual de referentes constituem a progressão referencial. Eles dão conta da introdução, da identificação, da preservação, da continuidade e da retomada de referentes textuais, formando cadeias referenciais e auxiliando o leitor a compreender o texto (MARCUSCHI, 2008).

Agora é a sua vez!

Pronominalização, sinonímia, elipse, anáfora textual... Como vimos, podemos lançar mão de diversos recursos para prover coesão referencial a um texto. Nos textos com que entramos em contato no dia a dia, eles são amplamente empregados; basta abrir um jornal para atestar esse fato. Faça isso: pegue o jornal ou a revista mais próxima, escolha um texto para ler e circule, no texto, os elementos de referenciação que encontrar, puxando setas para escrever de que tipo ele se trata.

A coerência textual

PARA REFLETIR

Podemos afirmar que um texto coeso é, necessariamente, um texto coerente?

> **IMPORTANTE**
> A coesão e a coerência costumam andar juntas quando se trata de texto, mas são fatores distintos.

> **DEFINIÇÃO**
> A **coerência**, o sentido do texto, é construída pelo leitor, o qual se baseia tanto em seus conhecimentos como no que é apresentado materialmente no texto.

Ao lermos um texto, emitimos um parecer sobre ele, comentando sobre sua coerência (ou a falta dela), dizendo o que faz sentido e o que não está claro. Para fazer essa avaliação, recorremos aos nossos conhecimentos linguísticos, prévios, textuais e interacionais, sobre os quais falamos no Capítulo 3 (KOCH; ELIAS, 2007). Nesta seção, portanto, abordaremos a coerência textual.

No que diz respeito à relação entre coesão e coerência, podemos dizer, primeiramente, que a coesão não é condição necessária nem suficiente para a coerência. As marcas de coesão são encontradas no texto. O mesmo não pode ser dito da coerência; ela não pode ser encontrada no texto, mas é construída a partir dele, em uma dada situação comunicativa, com base em fatores de ordem cognitiva, semântica, pragmática e interacional (KOCH; ELIAS, 2007).

Vejamos agora um exemplo de texto (AGUIAR, 2015) e examinemos o que o leva a ser coerente.

Food truck: saiba como surgiu essa moda

Por Anna Carolina Aguiar

Se o <u>raio gourmetizador</u> já atingiu os restaurantes sua cidade, é bem possível que a moda dos *food trucks* também tenha chegado junto. Coloridos e modernos, os veículos (que são móveis, mas que geralmente ficam permanentemente estacionados num lugar só) oferecem ao consumidor comidas bem variadas: hambúrgueres, massas, coxinhas, brigadeiros, tapiocas, vinhos, wraps, comidas regionais típicas e outras especialidades gastronômicas. Quem vê até pensa que essa moda surgiu agora, com essa história de chefs de cozinha virarem estrelas de *reality shows* e a alta culinária ficar mais acessível. Mas o conceito do *food truck* veio bem antes da primeira temporada de MasterChef na TV.

"Claro, ué! Lá na minha rua tem um carrinho de cachorro quente estacionado há 30 anos, bem antes da moda gourmet". É verdade. Mas a gente garante que a história do primeiro *food truck* também apareceu antes do seu hamburgão de esquina favorito.

Em 1872, o americano Walter Scott vendia tortas, sanduíches e cafés em uma carroça. Seus clientes eram os trabalhadores de jornais de Providence, no estado de Rhode Island, Estados Unidos. O modelo foi muito copiado e se espalhou para outras regiões dos EUA. No final da década seguinte, um sujeito chamado Thomas H. Buckley começou a fabricar carroças preparadas especialmente para servir comidas, com ímãs, refrigeradores e até fogões acoplados. Os modelos eram muito coloridos e chamativos.

Após a Segunda Guerra Mundial, caminhões de comida móveis alimentavam os trabalhadores dos subúrbios nos EUA, regiões que tinham poucos restaurantes e uma população cada vez maior. Nessa época, os *food trucks* eram sinônimo de comida barata, sem muita preocupação com a qualidade. E foi mais ou menos assim durante todo o século 20.

Até que veio a crise de 2008, que derrubou a economia americana e levou junto muitos restaurantes tradicionais. Quando os EUA começaram a se recuperar, alguns empreendedores tiveram a ideia de levar comida de qualidade para rua investindo pouco. Outra vantagem dos carrinhos e trailers era a possibilidade de mudar de lugar de acordo com a demanda da população. Pronto, estava aí a solução. Essa coisa meio amadora, dos carrinhos de comida, foi incorporada ao conceito e os donos de *food trucks* resolveram incrementar o cardápio, com itens gourmet.

A moda chegou ao Brasil em 2012, quando os primeiros *food trucks* gourmet surgiram em São Paulo. Agora, os parques de *food truck* já fazem parte do roteiro turístico das grandes cidades brasileiras e da paisagem urbana. Deu tão certo que a moda gourmet fez surgir uma outra tendência da ~alta gastronomia~ acessível: a das paletas mexicanas, que não existem no México. Mas isso é assunto para outro post.

Lembramos que coerência é a relação que se estabelece entre as partes do texto, levando à formação de uma unidade de sentido (FIORIN; SAVIOLI, 2003). Assim, ao lermos o texto acima, podemos perceber que há vários elementos que levam o leitor à construção de sentido. Para desenvolver a compreensão do que é coerência, apontaremos alguns mecanismos que explicitam a construção de sentido para o que lemos.

Primeiramente, o texto estabelece uma sequência linear de unidades linguísticas, o que está relacionado à coesão, e essas sequências podem ser compreendidas como coerentes uma vez que não apresentam contradição de sentidos entre as passagens do texto. A coerência refere-se à compreensão do ponto de vista apresentado pelo texto. Ou seja, o autor faz um relato histórico do surgimento do *food truck* (venda de comida na rua), iniciando o percurso em 1872, nos EUA, dando seguimento cronológico pelo século XX e chegando aos tempos atuais. Há uma continuidade semântica, pois o assunto do desenvolvimento histórico do tema *food truck* é mantido como linha do raciocínio de compreensão textual. A continuidade semântica possibilita ao leitor atribuir um sentido unitário ao texto, o que responderia ao título "saber como surgiu a moda do *food truck*", de modo coerente.

Além disso, as relações de adequação que são estabelecidas entre certas afirmações colocadas no texto e as conclusões tiradas delas apresentam uma coerência argumentativa. Por exemplo, no fragmento "Quem vê até pensa que essa moda surgiu agora, com essa história de chefs de cozinha virarem estrelas de *reality shows* e a alta culinária ficar mais acessível. Mas o conceito do *food truck* veio bem antes da primeira temporada de MasterChef na TV." (AGUIAR, 2015), o articulador **até** relaciona uma possibilidade de entender que o *food truck* é uma moda de agora, porém, com o uso do articulador **mas**, essa ideia é perfeitamente desfeita com a afirmação contrária de que o *food truck* é um evento mais antigo. Esse último argumento é que será provado no texto pelo percurso histórico do surgimento dessa tendência. Portanto, a introdução da história do *food truck* está adequada às informações que a seguem no texto.

Outro sentido presente neste texto decorre de uma relação espacial, uma vez que o texto aponta lugares relacionados à origem do *food truck*. Percebe-se que, apesar de o texto tratar de explicar a introdução da venda de comida em veículos no Brasil, foi preciso falar sobre outro lugar, os Estados Unidos, pois o início desse tipo de negócio deu-se naquele país. Para entender essa transição espacial, do Brasil para os EUA, e dos EUA para o Brasil, o leitor precisa compreender toda a lógica do desenvolvimento da moda do *food truck* nos EUA como uma alternativa para driblar a crise econômica, e transpor essa relação para o surgimento dessa tendência no Brasil, o qual também enfrenta dificuldades econômicas, e tirar uma conclusão sobre o *food truck* presente na cidade de São Paulo. Essa conclusão é possível de ser feita a partir de inferências pelo leitor, que utiliza seus conhecimentos prévios sobre o Brasil e chega a um sentido para o surgimento do *food truck* em São Paulo.

Outro fator de coerência a ser destacado neste texto é a compatibilidade da variante linguística escolhida, do léxico e das estruturas sintáticas utilizadas no texto. Como este texto é veiculado pela internet, em um *blog* direcionado a leitores mais jovens, há uma maior liberdade de uso de linguagem informal, por isso, é compreensível o uso da transcrição de uma fala coloquial, como em "'Claro, ué! Lá na minha rua tem um carrinho de cachorro quente estacionado há 30 anos, bem antes da moda gourmet.'" Também, é aceitável o uso da palavra hamburgão, em "É verdade. Mas a gente garante que a história do primeiro *food truck* também apareceu antes do seu hamburgão de esquina favorito." O uso de *hamburgão* não viola a coerência no nível da linguagem, pois atende a esse apelo de falar diretamente para o público leitor, aproximando-se desse. Além do mais, o texto mantém o uso adequado de mecanismos que regem o encadeamento de enunciados.

Por fim, com relação ao texto e pensando na coerência, podemos perceber que houve uma relação bem estabelecida entre as partes do texto, o que garantiu sua unidade de sentido: o entendimento da origem do *food truck*. Esse texto também apresentou uma unidade progressiva, quer dizer, houve um acréscimo de novas informações aos enunciados anteriores, fazendo com que o texto tivesse uma fluidez de ideias.

Portanto, quando conseguimos construir sentido para um texto, ele, dentro do seu contexto de produção e leitura, será coerente. Podemos afirmar, então, que a coerência decorre da interação autor-texto-leitor. Sua construção parte de elementos apresentados no texto, e cabe ao leitor levar em conta o vocabulário, a situação de uso, os recursos sintáticos, as associações a fatos históricos, sociais e culturais, o gênero textual e a intenção comunicativa (KOCH; ELIAS, 2007).

≫ Atividades

1. Escreva um texto discutindo as principais ideias deste capítulo, que possa servir de resumo sobre o que foi lido. Não se esqueça de articular e dar unidade ao seu texto por meio do uso dos recursos que abordamos ao longo do capítulo.
2. Leia o texto a seguir (WEDGE, 2013) e responda às perguntas.

> **Por que as crianças francesas não têm déficit de atenção?**
>
> *Por Marilyn Wedge*
>
> *Como é que a epidemia do déficit de atenção, que tornou-se firmemente estabelecida em vários países do mundo, foi quase completamente desconsiderada com relação a crianças na França?*

(Continua)

(Continuação)

Nos Estados Unidos, pelo menos 9% das crianças em idade escolar foram diagnosticadas com TDAH (Transtorno do Déficit de Atenção com Hiperatividade), e estão sendo tratadas com medicamentos. Na França, a percentagem de crianças diagnosticadas e medicadas para o TDAH é inferior a 0,5%. Como é que a epidemia de TDAH, que tornou-se firmemente estabelecida nos Estados Unidos, foi quase completamente desconsiderada com relação a crianças na França?

TDAH é um transtorno biológico-neurológico? Surpreendentemente, a resposta a esta pergunta depende do fato de você morar na França ou nos Estados Unidos. Nos Estados Unidos, os psiquiatras pediátricos consideram o TDAH como um distúrbio biológico, com causas biológicas. O tratamento de escolha também é biológico – medicamentos estimulantes psíquicos, tais como Ritalina e Adderall.

Os psiquiatras infantis franceses, por outro lado, veem o TDAH como uma condição médica que tem causas psicossociais e situacionais. Em vez de tratar os problemas de concentração e de comportamento com drogas, os médicos franceses preferem avaliar o problema subjacente que está causando o sofrimento da criança; não o cérebro da criança, mas o contexto social da criança. Eles, então, optam por tratar o problema do contexto social subjacente com psicoterapia ou aconselhamento familiar. Esta é uma maneira muito diferente de ver as coisas, comparada à tendência americana de atribuir todos os sintomas de uma disfunção biológica a um desequilíbrio químico no cérebro da criança.

Os psiquiatras infantis franceses não usam o mesmo sistema de classificação de problemas emocionais infantis utilizado pelos psiquiatras americanos. Eles não usam o *Diagnostic and Statistical Manual of Mental Disorders* ou DSM. De acordo com o sociólogo Manuel Vallee, a Federação Francesa de Psiquiatria desenvolveu um sistema de classificação alternativa, como uma resistência à influência do DSM-3. Esta alternativa foi a CFTMEA (*Classification Française des Troubles Mentaux de L'Enfant et de L'Adolescent*), lançado pela primeira vez em 1983, e atualizado em 1988 e 2000. O foco do CFTMEA está em identificar e tratar as causas psicossociais subjacentes aos sintomas das crianças, e não em encontrar os melhores bandaids farmacológicos para mascarar os sintomas.

Na medida em que os médicos franceses são bem-sucedidos em encontrar e reparar o que estava errado no contexto social da criança, menos crianças se enquadram no diagnóstico de TDAH. Além disso, a definição de TDAH não é tão ampla quanto no sistema americano, que, na minha opinião, tende a "patologizar" muito do que seria um comportamento normal da infância. O DSM não considera causas subjacentes. Dessa forma, leva os médicos a diagnosticarem como TDAH um número muito maior de crianças sintomáticas, e também os incentiva a tratar as crianças com produtos farmacêuticos.

A abordagem psicossocial holística francesa também permite considerar causas nutricionais para sintomas do TDAH, especificamente o fato de o comportamento de algumas crianças se agravar após a ingestão de alimentos com corantes, certos conservantes, e/ou alérgenos. Os médicos que trabalham com crianças com problemas, para não mencionar os pais de muitas crianças com TDAH, estão bem conscientes de que as intervenções dietéticas às vezes podem ajudar. Nos Estados Unidos, o foco estrito no tratamento farmacológico do TDAH, no entanto, incentiva os médicos a ignorarem a influência dos fatores dietéticos sobre o comportamento das crianças.

E depois, claro, há muitas diferentes filosofias de educação infantil nos Estados Unidos e na França. Estas filosofias divergentes poderiam explicar por que as crianças francesas são geralmente mais bem comportadas do que as americanas. Pamela Druckerman destaca os estilos parentais divergentes em seu recente livro, *Bringing up Bébé*. Acredito que suas ideias são relevantes para a discussão, porque o número de crianças francesas diagnosticadas com TDAH em nada parecem com os números que estamos vendo nos Estados Unidos.

(Continua)

(Continuação)

A partir do momento que seus filhos nascem, os pais franceses oferecem um firme *cadre* – que significa "matriz" ou "estrutura". Não é permitido, por exemplo, que as crianças tomem um lanche quando quiserem. As refeições são em quatro momentos específicos do dia. Crianças francesas aprendem a esperar pacientemente pelas refeições, em vez de comer salgadinhos, sempre que lhes apetecer. Os bebês franceses também se adequam aos limites estabelecidos pelos pais. Pais franceses deixam seus bebês chorando se não dormirem durante a noite, com a idade de quatro meses.

Os pais franceses, destaca Druckerman, amam seus filhos tanto quanto os pais americanos. Eles os levam às aulas de piano, à prática esportiva, e os incentivam a tirar o máximo de seus talentos. Mas os pais franceses têm uma filosofia diferente de disciplina. Limites aplicados de forma coerente, na visão francesa, fazem as crianças se sentirem seguras e protegidas. Limites claros, eles acreditam, fazem a criança se sentir mais feliz e mais segura, algo que é congruente com a minha própria experiência, como terapeuta e como mãe. Finalmente, os pais franceses acreditam que ouvir a palavra "não" resgata as crianças da "tirania de seus próprios desejos". E a palmada, quando usada criteriosamente, não é considerada abuso na França.

Como terapeuta que trabalha com as crianças, faz todo o sentido para mim que as crianças francesas não precisem de medicamentos para controlar o seu comportamento, porque aprendem o autocontrole no início de suas vidas. As crianças crescem em famílias em que as regras são bem compreendidas, e a hierarquia familiar é clara e firme. Em famílias francesas, como descreve Druckerman, os pais estão firmemente no comando de seus filhos, enquanto que no estilo de família americana, a situação é muitas vezes o inverso.

- Quais elementos de coesão você consegue identificar no texto? Exemplifique sua resposta.
- O texto é coerente para você? Quais foram os conhecimentos prévios de seu repertório que você precisou ativar para fazer as relações necessárias e construir o sentido do texto?
- Destaque cinco articuladores textuais presentes no texto, indicando qual é a ideia apresentada por cada um deles.

REFERÊNCIAS

AGUIAR, A. C. Food truck: saiba como surgiu essa moda. *Superinteressante*, 13 mar. 2015. Disponível em: <http://super.abril.com.br/blogs/historia-sem-fim/food-truck-saiba-como-surgiu-essa-moda/>. Acesso em: 22 mar. 2015.

BENVENISTE, É. Da subjetividade na linguagem. In: BENVENISTE, É. *Problemas de linguística geral I*. 5. ed. Campinas: Pontes, 2005.

COSTA, V. R. da. Educação ambiental: onde falhamos? *Ciência Hoje*, 26 nov. 2014. Disponível em: <http://cienciahoje.uol.com.br/alo-professor/intervalo/2014/11/educacao-ambiental-onde-falhamos>. Acesso em: 22 mar. 2015.

FIORIN, J. L.; SAVIOLI, F. P. *Lições de texto*: leitura e redação. São Paulo: Ática, 2003.

FRANCO, B. M. Poço sem fundo. *Folha de S. Paulo*, 29 jan. 2015.

GARCIA, M. 2014, uma odisseia no espaço-tempo. *Ciência Hoje*, 14 nov. 2014. Disponível em: <http://cienciahoje.uol.com.br/blogues/bussola/2014/11/2014-uma-odisseia-no-espaco-tempo>. Acesso em: 22 mar. 2015.

KOCH, I. V. Linguística textual: quo vadis? *Revista Delta*, 2001. Edição especial.

KOCH, I. V.; ELIAS, V. M. *Ler e escrever*: estratégias de produção textual. 2. ed. São Paulo: Contexto, 2007.

LUCARINY, L. Sustentabilidade e cultura. *Ciência Hoje*, 24 nov. 2014. Disponível em: <http://cienciahoje.uol.com.br/blogues/bussola/2014/11/sustentabilidade-e-cultura/discussion_reply_form>. Acesso em: 22 mar. 2015.

MARCUSCHI, L. A. *Produção textual, análise de gêneros e compreensão*. São Paulo: Parábola, 2008.

MEDEIROS, M. Coragem. *Zero Hora*, 17 jun. 2012.

VEJA o que muda com os novos termos de uso do Facebook. *Zero Hora*, 28 nov. 2014. Disponível em: <http://zh.clicrbs.com.br/rs/noticias/tecnologia/noticia/2014/11/veja-o-que-muda-com-os-novos-termos-de-uso-do-facebook-4652319.html#cxrecs_s>. Acesso em: 23 mar. 2015.

WEDGE, M. *Por que as crianças francesas não têm déficit de atenção?* [S. l.]: Cultivando o Equilíbrio, 2013. Disponível em: <http://equilibrando.me/2013/05/16/por-que-as-criancas-francesas-nao-tem-deficit-de-atencao/>. Acesso em: 22 mar. 2015.

LEITURAS COMPLEMENTARES

CASTRO, L. *Referenciação*. [S. l.]: Brasil Escola, 2014. Disponível em: <http://www.brasilescola.com/redacao/referenciacao.htm>. Acesso em: 30 nov. 2014.

NADÓLSKIS, H. *Normas de comunicação em língua portuguesa*. 26. ed. São Paulo: Saraiva, 2012.

Rafaela Fetzner Drey

capítulo 5

O texto na prática: o resumo e a resenha

A cena descrita a seguir é velha conhecida de muitos alunos que frequentam o ambiente acadêmico: o professor, após ensinar algum conteúdo, apresenta um texto e pede aos alunos que entreguem, na aula seguinte, uma resenha sobre ele, com números mínimo e máximo de linhas. A partir dessa "simples" tarefa, surgem dúvidas e mais dúvidas: O que é uma resenha? É tipo um resumo? É um resumo maior, expandido, mais formal? Posso usar trechos da obra original? E citar o autor original? E quanto a dar minha opinião ou tecer comentários críticos? Este capítulo tem como objetivo responder a essas questões, apresentando as diferenças entre os gêneros resumo e resenha, seus objetivos e como escrevê-los.

Objetivos de aprendizagem

- Distinguir resumo de resenha, indicando as principais diferenças e semelhanças entre os gêneros.
- Sumarizar informações.
- Inserir a voz do autor do texto original em resumos e resenhas.
- Expressar opiniões adequadamente na redação de resenhas.
- Utilizar articuladores textuais para encadear textos.
- Redigir resumos e resenhas.

» Resumo e resenha: diferenças e semelhanças

Antes de definirmos resumo e resenha, propomos um exercício bastante simples: a leitura de dois textos similares acerca do mesmo objeto – o livro *A Revolução dos Bichos*, do escritor inglês George Orwell, publicado pela primeira vez em 1945. Leia-os a seguir.

Texto 1, de Natacha Bastos (c2014)

A Revolução dos Bichos, de George Orwell, se passa numa granja liderada, inicialmente, pelo Sr. Jones. Porém, insatisfeitos com a dominação e a exploração e liderados pelo porco Major, os animais decidem fazer uma revolução. Assim, o inimigo seria aquele que anda sobre duas pernas. Os animais se organizam e expulsam Sr. Jones da granja, pois não querem mais ser tratados como escravos dos humanos. Os porcos passam a liderar a granja, considerando-se os animais mais inteligentes.

Os ensinamentos do porco Major, denominados de Animismo, passam a predominar, mesmo após sua morte. Na granja, todos os animais são iguais entre si. Porém, "uns são mais iguais que outros". Dessa forma, os porcos aprendem a ler e escrever e tornam-se os líderes da granja.

O porco Bola de Neve tem o plano de construir um moinho. Napoleão é contra. Há uma eleição do líder da granja, e apesar de a maioria ser a favor de Bola de Neve, Napoleão arma um plano certeiro para que Bola de Neve seja expulso da granja e taxado de traidor.

Protegido por cães ameaçadores, Napoleão lidera a granja de uma maneira ditadora; constrói o moinho, há economia de comida, os animais trabalham várias horas seguidas. Começa uma nova escravidão, em que agora os animais são explorados pelos porcos.

Para a construção do moinho, são necessários materiais que não podem ser produzidos na granja, e, com isso, Napoleão começa um contato comercial com humanos, por intermédio de seu advogado, Sr. Whymper. Nesse momento, os porcos se mudam para a casa grande, onde o Sr. Jones vive, apesar de anteriormente ser proibido. Segundo eles, seria necessário um local onde pudessem repousar, já que, por serem muito inteligentes, fazem muito esforço para governar a granja. Os porcos são extremamente persuasivos. Garganta é o braço direito de Napoleão e anda pela granja defendendo seu "mestre".

Acontece uma tempestade e o moinho de vento é derrubado; a culpa cai sobre Bola de Neve. Os animais passam a racionar ainda mais a comida. Mesmo assim, Napoleão passa para os humanos a impressão de haver muita comida. Assim, vai se concretizando a República dos Bichos. Porém, alguns animais começam a questionar que a vida está pior do que na época do Sr. Jones; estão trabalhando mais, comendo menos, e os mandamentos feitos no começo da Revolução não estão sendo cumpridos. Esses animais questionadores são acusados de serem cúmplices de Bola de Neve e, ao se entregarem, são mortos.

Frederick e seus homens invadem a granja e explodem o moinho. Os animais, revoltados com mais uma destruição do moinho, enfrentam e expulsam os homens. Mais uma vez os animais trabalham demais, sem comida.

Sansão, muito trabalhador, adoece, e Garganta diz que virão buscá-lo para um tratamento fora da granja. Um carro vem buscá-lo e os animais percebem, através do letreiro do carro, que é um carroção do matadouro. Porém, Garganta dá uma desculpa, os animais aceitam, e Sansão nunca mais aparece.

Pouco a pouco os animais que viveram a época do Sr. Jones vão morrendo, e vai sendo esquecido como era antes da Revolução. Como um irônico desfecho, os porcos aparecem andando sobre duas patas, contrariando um dos mandamentos do início da Revolução: "quatro patas bom, duas patas ruim". E, finalmente, os porcos unem-se definitivamente aos humanos.

Texto *A Revolução dos Bichos* (c1996-2015)

A decepção com o stalinismo ou com o autoritarismo ditatorial que desvirtuou os propósitos da Revolução Soviética atingiu vários intelectuais europeus que foram comunistas ou simpatizantes do comunismo em meados do século XX. Foi exatamente essa decepção que levou o inglês George Orwell a escrever as duas obras que o colocariam na história da literatura universal: *1984* e *A Revolução dos Bichos*.

Nesta última, o autor tematiza exatamente o fracasso da Revolução e a ascensão do stalinismo, recorrendo ao velho expediente das fábulas tradicionais, ou seja, utilizando-se de animais para representar os homens. O ponto de partida são as reflexões de um velho porco (que representa Karl Marx), o qual constata que os animais, apesar de superiores aos homens, são explorados por eles. Propõe, então, uma revolução que modifique esse estado das coisas.

O porco morre, mas outros porcos decidem levar seus ideais adiante, promovendo uma revolução na fazenda onde vivem. Com o auxílio de outros animais, subjugam o dono da propriedade, que passam a administrar, teoricamente em benefício da coletividade animal. Porém, com o passar do tempo, os porcos vão se impondo aos outros bichos e assumem, na prática, o papel que era exercido pelos homens.

Na visão orwelliana do processo revolucionário, os porcos representam os bolchevistas, e o desenvolvimento da trama vai mostrá-los assumindo o mesmo papel de domínio e exploração anteriormente exercido pelos homens, que se identificariam com a burguesia.

É impossível discordar do autor no que se refere ao chamado socialismo real. Em todos os lugares do mundo onde ele foi implantado ao longo da história, um partido – e, via de regra, o líder desse partido - tomaram o lugar da classe social que deveria comandar o processo revolucionário, substituindo a "ditadura do proletariado" proposta por Marx por uma ditadura do partido. Foi assim na União Soviética e em seus satélites do Leste Europeu, na China, no Camboja, em Cuba e na Coreia do Norte.

Dada a difusão das ideias socialistas em toda a América do Sul, a leitura de *A Revolução dos Bichos* continua atual e oportuna, ajudando o leitor a refletir sobre utopias e realidade, bem como a questionar a retórica da construção de uma sociedade mais justa e igualitária, em nome da qual "os fins justificam os meios".

A Revolução dos Bichos

George Orwell

Companhia das Letras

126 páginas

Após uma leitura rápida nos Textos 1 e 2, analise, entre as duas opções a seguir, o que cada um deles representa.

- Resumo/síntese do objeto
- Opinião/avaliação/apreciação do autor do texto sobre o objeto

Se você acha que a primeira opção se refere ao primeiro texto, acertou. O Texto 1 traz apenas uma síntese da obra *A Revolução dos Bichos*, enquanto o Texto 2 apresenta tanto trechos de síntese quanto trechos de avaliação ou de apreciação do autor do texto a respeito da obra.

A análise feita aqui contém a chave da diferença entre os gêneros textuais **resumo** e **resenha**: enquanto o papel fundamental do primeiro é apresentar os principais conteúdos do objeto de forma mais sintetizada, o segundo, além de fazer isso, também traz comentários críticos do autor da resenha acerca do objeto. Assim, *o resumo apresenta apenas sequências textuais descritivas*, ao passo que *a resenha faz o encadeamento entre sequências descritivas e argumentativas*. Tanto a resenha quanto o resumo apresentam informações técnicas a respeito do objeto resenhado: autor, título, número de páginas, editora ou *site* em que o texto original foi publicado – caso se esteja resumindo ou resenhando um objeto já disponibilizado publicamente.

>> **IMPORTANTE**
Na resenha, a presença de comentários críticos é obrigatória – esta, aliás, é a principal característica que a diferencia do resumo.

Sérgio Costa, em seu *Dicionário de Gêneros Textuais* (2009, p. 179), diz que o resumo pode ser uma "apresentação abreviada" de um texto, constituindo-se em um "[...] gênero em que se reduz um texto qualquer, apresentando-se seu conteúdo de forma concisa e coerente." Com relação à resenha, ele afirma que é composta por um comentário crítico, levando em conta os conhecimentos prévios sobre o assunto ou o objeto resenhado. A produção de uma resenha, de acordo com o autor, "[...] implica atividades de leitura, interpretação e resumo prévios e um posicionamento [...] que exigirá uma boa sustentação argumentativa em favor do ponto de vista defendido." (COSTA, 2009, p. 179), seja elogiando ou criticando o objeto resenhado.

>> **PARA SABER MAIS**

Visite a loja virtual do Grupo A (**loja.grupoa.com.br**) e procure pela página deste livro para ter acesso ao Apêndice 1, que contém exemplos de textos dos gêneros abordados neste capítulo.

De acordo com Drey (2006, p. 27), "[...] a resenha tem como principal característica apresentar informações e comentários críticos, atribuindo valor acerca de um objeto." Esse objeto pode ser um filme, um livro, um artigo, uma apresentação artística, uma palestra, uma aula, entre outros gêneros.

Além disso, a resenha exige que o autor consiga articular as vozes dentro do texto (a sua, como crítico do objeto resenhado, com a do autor do objeto original, nas sequências descritivas). Isso não acontece em um resumo, pois o autor do texto não expressa sua opinião, ou seja, sua "voz" não se faz presente na escrita.

Outra diferença marcante entre o resumo e a resenha é a necessidade mais latente do uso de organizadores ou articuladores textuais nas resenhas. Essas palavras ou expressões, como vimos no Capítulo 4, são utilizadas para encadear, ou seja, para "tecer" uma conexão entre as sequências de síntese e as sequências argumentativas, nas quais o resenhista apresenta sua própria opinião sobre o objeto resenhado.

Agora que você já sabe, de forma mais objetiva, quais são as semelhanças e as diferenças entre os dois gêneros, vamos examinar outros elementos importantes para construir resenhas e resumos.

>> **DICA**

Os organizadores textuais também estão presentes nos resumos, mas sua presença é mais sutil, e o tipo de relação de sentido construído é diferente em relação a seu uso nas resenhas.

Agora é a sua vez!

Discuta com um colega que características abaixo fazem referência ao resumo e quais fazem referência à resenha.

- Apresenta determinado conteúdo de forma abreviada.

- Há uma necessidade mais manifesta de uso de articuladores textuais.

- Os conhecimentos prévios têm muita relevância para a produção desse tipo de texto.

- Expõe o conteúdo do objeto de forma concisa e coerente.

- Atribui valor ao objeto.

- Requer que o autor consiga articular diferentes vozes no texto.

Sumarização de informações: dicas e técnicas

PARA REFLETIR

Quando você precisa sintetizar um texto, que tipo de informação mantém e quais deixa de fora? Discuta com um colega os mecanismos de seleção de informações utilizados por vocês na redação de resumos.

Tanto o resumo quanto a resenha são textos que circulam muito em ambientes jornalísticos, mas eles também são solicitados com frequência no mundo acadêmico. Além disso, o estudo individual constitui outra situação em que é de suma importância saber sintetizar um texto. Nesses momentos, ser capaz de entender o que é essencial e de descartar as informações detalhadas, que não têm tanta importância, pode ser fundamental para seu sucesso.

As autoras Maria Luiza Abaurre e Maria Bernadete Abaurre, em sua obra *Produção de Texto* (2007), apresentam alguns critérios que podem ajudá-lo a distinguir as informações fundamentais na hora de produzir uma síntese de ideias. O primeiro passo, segundo elas, é ler e analisar cuidadosamente o texto a ser resumido, visando entendê-lo ao máximo, para identificar os seguintes aspectos:

- A questão-tema do texto
- As informações essenciais para sua compreensão
- As ideias mais relevantes apresentadas

A partir da leitura analítica, é possível, tendo em vista a sintetização dos principais pontos do texto, eliminar os seguintes elementos:

- Expressões que apresentam explicações ou justificativas acerca do que foi dito
- Comentários do autor do texto original
- Exemplos que ampliam a discussão sobre o tópico abordado
- Informações complementares sobre o tópico

Após a eliminação das informações "acessórias", as autoras propõem articular as informações essenciais restantes. O uso de termos mais genéricos e abrangentes consiste em uma estratégia interessante de **sumarização** – como chamamos o processo de síntese de informações. Sugere-se, ainda, copiar fragmentos do texto original que sejam considerados trechos-chave.

Por fim, Machado et al. (2004b) apresentam sete técnicas bem específicas para resumir informações. São elas:

- Apagamento de conteúdos que podem ser inferidos a partir do nosso conhecimento de mundo.
- Apagamento de sequências de expressões que indicam explicações.
- Apagamento de exemplos.
- Apagamento das justificativas de uma afirmação.
- Apagamento de argumentos.
- Reescrita das informações que contêm termos mais genéricos.
- Conservação de todas as informações, pois elas não são resumíveis.

>> **ATENÇÃO**
A finalidade do resumo ou das sequências descritivas da resenha é possibilitar que os leitores encontrem informações básicas sobre o objeto resumido ou resenhado. É sempre importante, por isso, estar atento ao perfil de seus interlocutores (os prováveis leitores de seu texto) para ajustar o nível de detalhamento ou de informações específicas contidas em seu texto.

Após sumarizar o que é essencial do texto original, o próximo passo para resumir ou resenhar é atribuir ações ao autor do texto original, tema da próxima seção.

» Agora é a sua vez!

Com base nas dicas apresentadas, faça um resumo de 100 palavras sobre o texto a seguir (BBC, 2015). Depois, elabore uma breve análise sobre as técnicas de sumarização utilizadas em cada ponto do resumo.

Presidente chilena propõe fim de proibição total do aborto

Michelle Bachelet apresentou um projeto de lei que permite a prática em casos de estupro, risco de vida da mãe e inviabilidade fetal.

A presidente chilena Michelle Bachelet anunciou planos de pôr fim à proibição total do aborto no país, de maioria católica. Bachelet apresentou ao Congresso um projeto de lei para descriminalizar o aborto em casos de estupro, em casos de ameaça à vida da mãe ou de inviabilidade do feto. Atualmente, mulheres que fazem aborto podem enfrentar até cinco anos de prisão no Chile.

Em um discurso transmitido pela televisão, a presidente afirmou que a proibição do aborto põe em risco as vidas de milhares de mulheres chilenas todos os anos. "Os fatos mostram que a criminalização absoluta do aborto não impediu a prática. É uma situação difícil e devemos enfrentá-la como um país maduro", afirmou.

O correspondente da BBC no Chile, Gideon Long, diz que o projeto enfrenta a oposição da Igreja Católica chilena, de conservadores no Congresso e até mesmo de parte da coalizão da própria Bachelet, liderada pelo Partido Socialista.

Proibição da era Pinochet

A proposta de Bachelet permitiria que o aborto fosse feito até a 12ª semana de gravidez apenas nos casos específicos em que ele é permitido. Para garotas com até 14 anos, o procedimento seria legal até a 18ª semana. Segundo a presidente, meninas mais jovens podem levar mais tempo para perceber que estão grávidas.

A proibição total do aborto foi instituída em 1989, em um dos últimos atos da ditadura de 17 anos do general Augusto Pinochet. "O Chile tinha uma tradição importante de leis e saúde pública, que foi interrompida arbitrariamente nos últimos dias da ditadura", afirmou Bachelet. "Doze projetos (para descriminalizar o aborto) foram apresentados à Câmara dos Deputados e ao Senado desde 1991."

Pesquisas de opinião indicam que a maioria dos chilenos apoia a legalização do aborto proposta por Bachelet, mas propostas anteriores foram rejeitadas no Congresso.

A maior parte dos países latino-americanos limita o acesso ao aborto. A prática é totalmente proibida em sete deles: El Salvador, República Dominicana, Nicarágua, Honduras, Haiti, Suriname e Chile.

Atribuição de autoria: inserindo a voz do autor do texto original

Tanto ao escrever uma resenha quanto ao produzir um resumo, é preciso ter em mente que o texto em questão é baseado em outro texto. Por isso, é de extrema importância ter cuidado ao mencionar o autor da obra original que está sendo resumida ou resenhada. O cuidado e a atenção ao fazer menção à voz do autor da obra original têm como principais objetivos:

- Evitar repetições no texto.
- Organizar a construção do seu texto, seja ele um resumo ou uma resenha.
- Expor, de forma clara, o posicionamento do autor do texto original em relação à mensagem expressa por ele, evitando problemas como ambiguidade, por exemplo.

Para marcar a voz do autor do texto original, você pode utilizar alguns verbos específicos de acordo com o que ele gostaria de expressar. No Quadro 5.1, são apresentados alguns verbos usados para referenciar a ação do autor da obra original.

> **» IMPORTANTE**
> Deve ficar claro para o leitor quais fatos representam ações do autor do texto original e quais fatos são de autoria de quem escreveu o resumo ou a resenha.

Quadro 5.1 » Verbos para atribuir ações ao autor do texto original

Se o autor da obra original apresenta...	os verbos que podem ser utilizados na resenha ou no resumo são...
a estrutura e a organização do texto/obra	estrutura-se; divide-se; organiza-se, conclui; termina; começa.
o conteúdo geral	apresenta; desenvolve; explica; demonstra; mostra; analisa; aponta; aborda.
os objetivos do texto/obra	objetiva; propõe-se.
seu posicionamento em relação a uma crença ou tese	sustenta; confronta; justifica; contrapõe; opõe; afirma; defende a tese.

Fonte: Baseado em Machado et al. (2004a).

Outro ponto a ser considerado na citação de autoria original ao resumir ou resenhar um texto diz respeito ao uso do tempo verbal empregado:

- Verbos utilizados no presente: remetem aos fatos relatados na obra original.
- Verbos utilizados no passado: referem-se a ações do autor da obra original.

Para finalizar a discussão deste tópico, é importante mencionar a questão do uso de citações. A citação do que foi dito, no texto original, pelo autor da obra resenhada ou resumida pode ocorrer de duas formas: direta ou indireta.

A apresentação das ideias de outro autor pode ser feita dentro do seu texto, inclusive com o uso das palavras do próprio autor, desde que devidamente referenciada – trata-se da **citação direta**. Ela pode ser feita de duas maneiras:

- Na primeira forma, ela é introduzida pelo uso de um verbo de ação para sinalizar que o(s) autor(es) da obra original apresenta(m) determinado ponto ou determinada ideia citada por você, seguido do(s) sobrenome(s) do(s) autor(es), do ano da publicação e do número da página da citação (estes dois últimos entre parênteses); em seguida, a citação é escrita entre aspas.
- Na segunda, a citação em si vem na frente, entre aspas, seguida do(s) sobrenome(s) do(s) autor(es), do ano da publicação e do número da página da citação entre parênteses.

>> **DICA**
Em termos de estrutura, a única diferença entre a citação direta e a indireta é que, na última, o número da página não precisa estar presente, pois nem sempre há uma citação literal de todas as ideias presentes no texto original.

>> **EXEMPLO**

Veja a seguir exemplos de citação direta de acordo com as duas maneiras descritas.

Segundo afirmam Peixoto, Drey e Gil (2014, p. 57), "A citação direta consiste na cópia exata de determinada informação do texto original."

"A citação direta consiste na cópia exata de determinada informação do texto original" (PEIXOTO; DREY; GIL, 2014, p. 57).

A **citação indireta**, como o próprio nome indica, é construída a partir do uso indireto das ideias do autor do texto original, ou seja, as ideias são reescritas com outras palavras – recurso também conhecido como paráfrase (para recapitular o conceito de paráfrase, retorne ao Capítulo 4).

> **EXEMPLO**

O fragmento seguinte traz um exemplo de citação indireta.

O acesso de toda e qualquer pessoa ao conhecimento deve ser facilitado, sem privação ou discriminação, pois a ciência deve ser compartilhada entre todas as pessoas (PEIXOTO; DREY; GIL, 2014).

Até agora, abordamos questões válidas tanto para a produção de resumos como de resenhas. Na seção seguinte, estudaremos um aspecto específico da produção de resenhas: a construção de opinião.

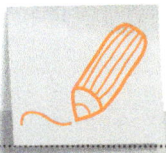

Agora é a sua vez!

Leia o fragmento de uma resenha (EVERTON, 2013) apresentado a seguir. Destaque os trechos em que há atribuição de voz ao autor original e indique de que estratégia o resenhista se valeu para fazer tal referência.

Resenha do livro O negócio do século XXI, de Robert Kiyosaki

[...]

Especialista em finanças, educador financeiro, investidor de sucesso e autor de vários *best-sellers*, Robert Kiyosaki está prestes a lhe dar a informação que você precisa para um plano realista e eficaz. Para construir e aumentar sua riqueza.

[...]

Robert Kiyosaki aborda nesse livro, principalmente, um tipo de investimento específico, o *marketing* de rede, também conhecido como *marketing* multinível, *marketing* de relacionamento, *networking marketing* ou franquia pessoal. [...] Independente do nome que se queira chamar, o objetivo é o mesmo: criar uma rede e, com isso, obter renda residual.

O autor indica esse tipo de investimento principalmente para quem não tem um grande volume de dinheiro para iniciar um negócio próprio. Isso porque, em geral, o investimento inicial é muito baixo e a possibilidade de retorno muito alta.

Na página 71, Robert diz:

A propósito, a verdade sobre as *franchising* é que, como proprietário de uma franquia, você é parte de uma rede – mas não possui a rede, você é dono apenas do seu negócio em particular. Como proprietário de um *marketing* de rede, por outro lado, você não só constrói a rede como também tem a própria rede. Isso lhe dá uma tremenda alavancagem financeira. Você ganha por toda a rede que você construiu.

Kiyosaki acredita tanto nesse nicho de mercado que chega a alegar que se ele perdesse toda sua fortuna hoje, começaria do zero, focando o *marketing* multinível. Aconselha ainda que seus leitores tenham muito cuidado na hora da escolha da empresa com quem vão trabalhar.

[...]

❯❯ Construção de opinião e posicionamento crítico

❯❯ PARA REFLETIR

Podemos afirmar que toda a expressão de opinião é válida? Existem diretrizes para embasar os diferentes pontos de vista acerca de um objeto?

O resumo e a resenha têm em comum a sumarização de informações e a inserção de vozes para a atribuição de autoria. No entanto, a **construção de opinião** e a presença de **posicionamento crítico** são elementos característicos da resenha, pois é por meio deles que o resenhista expressa seu ponto de vista. Assim, este elemento se constitui como uma das diferenças fundamentais entre o resumo e a resenha.

Peixoto, Drey e Gil (2014) afirmam que a existência de juízo de valor e de opiniões é essencial em uma resenha. Contudo, é necessário que tais opiniões estejam embasadas em argumentos bem construídos, que justifiquem a opinião do autor do texto. Abaurre e Abaurre (2007, p. 246) concordam com as autoras supracitadas quando dizem que

> "[...] o resenhista valida sua opinião e apreciação crítica a partir de argumentos que permitam que as opiniões não pareçam apenas juízos de valor emitidos sem fundamento, baseados em "achismos" sem comprovação ou caráter validado."

Na hora de escrever seu texto e alinhar as sequências argumentativas (que expressam o posicionamento crítico), há algumas dicas que podem auxiliá-lo:

- Atenue as afirmações negativas, utilizando expressões que abrandem a crítica ao autor da obra resenhada.
- Expresse sua opinião de forma indireta ou implícita, evitando o uso de expressões como "eu acho que", "eu penso que", ou "na minha opinião".
- Utilize elementos modalizadores, como adjetivos e advérbios, que modificam o sentido dos substantivos e dos verbos, respectivamente.

Algumas dessas dicas podem ser observadas na resenha "Aprender a viver", de Jerônimo Teixeira, publicada, originalmente, na revista *Veja*, em abril de 2007, e destacada no livro *Produção de Texto*, de Abaurre e Abaurre (2007). Leia, a seguir, um trecho da resenha.

> **DICA**
>
> Para que os argumentos sejam válidos, não basta apenas que sejam verdadeiros e bem embasados. É preciso, ainda, construir o posicionamento crítico de forma polida, educada, evitando o uso de expressões que possam agredir, ofender ou desrespeitar os destinatários ou o autor do texto original que está sendo resenhado.

Aprender a viver

O francês Luc Ferry pôs a filosofia nas listas de livros mais vendidos – e sem baratear suas ideias

Filósofo fundamental do pensamento moderno, o alemão Immanuel Kant é complexo nas ideias e árido no estilo. O francês Luc Ferry, no entanto, leu a *Crítica da razão pura* quando tinha 15 anos. "Não entendi rigorosamente nada, mas tive a impressão de que aquele era um pensador importante, de que havia ali uma espécie de tesouro escondido", disse a *Veja* o filósofo e ex-ministro da Educação da França, hoje com 56 anos. Ferry é autor de *Aprender a viver* (tradução de Véra Lucia dos Reis; Objetiva; 304 páginas; 37,90 reais), um livro de divulgação filosófica que discute, de **forma acessível mas séria**, autores como Nietzsche, Husserl e Heidegger. A obra vendeu **impressionantes** 230.000 exemplares na França e **respeitáveis** 14.000 no Brasil. Já aparece há seis semanas na lista de mais vendidos de *Veja*. Feito **talvez mais extraordinário** do que a precocidade de sua formação filosófica, Ferry transformou a filosofia em *best-seller*. [...]

É claro que Ferry não é nem o único nem o primeiro "popularizador" da filosofia. O norueguês Jostein Gaarder foi *best-seller* mundial ao recontar a história da filosofia com uma **simpática** moldura ficcional em *O mundo de Sofia*. O suíço radicado na Inglaterra Alain de Botton tem se firmado como um "filósofo popular" – embora não tenha ainda frequentado as listas de mais vendidos –, recorrendo a Sêneca ou Schopenhauer para consolar o leitor que sofre uma desilusão amorosa ou inveja o sucesso do vizinho. Nenhum dos dois, porém, vem de uma carreira acadêmica, como Ferry, que estudou nas tradicionais universidades de Sorbonne, na França, e Heidelberg, na Alemanha. Nos livros de Botton, em particular, a filosofia é reduzida a uma coletânea de citações cosméticas. *Aprender a viver*, pelo contrário, explica **sistematicamente** o pensamento dos autores abordados. Ferry acredita que o sucesso de seu livro se explica pela premência que ele confere às ideias filosóficas: "A obra demonstra que a filosofia não é um mero exercício de reflexão crítica. É uma busca de saúde, da vida boa, uma tentativa de salvar nossa própria pele".

> Salvação é a palavra-chave do livro. A filosofia, na visão de Ferry, é uma alternativa laica à religião: busca respostas para a angústia fundamental que todo ser humano tem ao tomar consciência de sua irremediável finitude. *Aprender a viver* investiga as respostas que diferentes escolas filosóficas deram a esse problema [...], encerrando-se com a alternativa do próprio Ferry, sua proposta – **talvez excessivamente otimista** – de um novo humanismo secular, que supere os becos sem saída construídos pela dúvida radical de pensadores como o alemão Friedrich Nietzsche. São ideias que o autor já apresentou, de **forma mais "técnica"**, em livros anteriores, como *O homem deus* e especialmente *O que é uma vida bem-sucedida?*, publicados no Brasil pela Difel. *Aprender a viver*, porém, é voltado especificamente para o leigo, e em particular para o leitor jovem. O título, com certo jeitão de autoajuda, tem um apelo inegável, que talvez responda por parte do sucesso da obra – e talvez prometa mais do que este ou qualquer livro pode dar. A busca da vida boa, virtuosa, é de fato uma ambição ancestral dos filósofos. Qualquer resposta, porém, será sempre provisória e insuficiente. O entusiasmo de Ferry por seu humanismo secular não basta para matar a charada dessa esfinge antiga.

Nos trechos destacados em negrito, é possível observar o uso de diversos adjetivos (séria, acessível, simpática, impressionantes, entre outros) e de advérbios (talvez, excessivamente, sistematicamente). O uso de modalizadores é importante na construção das sequências argumentativas porque denota o juízo de valor do resenhista sobre o objeto a ser resenhado, dando pistas ao leitor acerca de sua opinião (positiva ou negativa). Como o próprio nome indica, esses termos "modalizam", ou seja, dão um novo "tom" à ação descrita. Por exemplo, na resenha acima, o autor poderia ter escrito apenas que a obra de Ferry vendeu 230.000 exemplares. Ao optar pelo uso do modalizador "impressionantes", o número de exemplares toma proporções maiores e mais importantes no mercado editorial. Esse é justamente o papel do uso do modalizador – modificar o sentido de compreensão de um enunciado, causando uma impressão diferente nos leitores.

Além disso, para a construção da opinião de forma polida, algumas estratégias de impessoalidade são utilizadas, com o objetivo de preservar o resenhista. Como exemplo, podemos citar os seguintes excertos: "**A obra** vendeu impressionantes 230.000 exemplares na França" e "**O título**, com certo jeitão de autoajuda, tem um apelo inegável". Em ambos, o sujeito das ações verbais é o próprio livro, e não seu autor, tampouco o autor da resenha. Desse modo, o foco das ações (e da crítica, por consequência) acaba por ser a própria obra. Essa é outra técnica bastante utilizada para se construir o posicionamento crítico por meio de argumentos polidos, expressos de forma indireta.

Agora é a sua vez!

Pense em um filme que você tenha visto recentemente, de preferência um que não tenha lhe agradado muito. Escreva uma resenha sobre ele expressando sua opinião. Não se esqueça de usar as dicas desta seção, a fim de apresentar argumentos válidos e polidos. Depois, apresente sua resenha aos colegas para que vocês discutam as estratégias utilizadas para a produção do texto.

Organizadores textuais: encadeando o texto

Uma vez que as informações de nosso texto estejam sumarizadas, as vozes presentes tenham sido adequadamente atribuídas e as opiniões e os posicionamentos tenham sido expressos de forma apropriada, chega o momento de articular o texto, fornecendo a ele coesão e coerência. É sobre isso que falaremos nesta seção.

Como vimos no Capítulo 4, para que se possam construir as relações de sentido e encadear as ideias entre os parágrafos do texto, é preciso conhecer alguns elementos capazes de "tecer" sequências lógicas entre as ideias, organizando o que está sendo dito. Tais elementos são os **organizadores** ou **articuladores textuais**, e eles são fundamentais para a redação de resumos e de resenhas.

Segundo Machado et al. (2004a), muitos organizadores textuais são reconhecidos pela gramática normativa da língua portuguesa como pertencentes à classe dos conectivos. No entanto, eles possuem uma função maior e mais importante: eles constroem relações entre as frases e também entre os parágrafos, articulando toda a coesão textual. Quando essas palavras e expressões são utilizadas, há um novo caráter na ligação entre as ideias dentro do texto como um todo.

Então, de forma sistemática, os organizadores textuais, em resenhas e resumos, têm como principais funções (DREY, 2006):

- Guiar o leitor.
- Organizar o que está sendo dito.
- Construir relações entre as ideias do texto, entre os parágrafos e nas frases.

> **DICA**
> Com relação a seu "papel discursivo" dentro de resumos e resenhas, os organizadores textuais também podem ser denominados **mecanismos de coesão**.

Retomemos trechos do exemplo dado no início do capítulo, o resumo sobre a obra *A Revolução dos Bichos* (BASTOS, c2014). Observe os articuladores textuais destacados e as relações feitas por eles em cada caso:

A Revolução dos Bichos, de George Orwell, se passa numa granja liderada, inicialmente, pelo Sr. Jones. Porém, insatisfeitos com a dominação e a exploração e liderados pelo porco Major, os animais decidem fazer uma revolução. **Assim**, o inimigo seria aquele que anda sobre duas pernas. Os animais se organizam e expulsam Sr. Jones da granja, **pois** não querem mais ser tratados como escravos dos humanos. Os porcos passam a liderar a granja, considerando-se os animais mais inteligentes.	A palavra **assim** introduz conclusões ou finalizações de pensamentos. O conetivo **pois** explicita causa ou explicação
Os ensinamentos do porco Major, denominados de Animismo, passam a predominar, mesmo após sua morte. Na granja, todos os animais são iguais entre si. **Porém**, "uns são mais iguais que outros". **Dessa forma**, os porcos aprendem a ler e escrever e tornam-se os líderes da granja. [...]	A palavra **porém** indica restrição ou contrariedade. A expressão **dessa forma** realiza a progressão textual, desempenhando o papel de sequencializador do texto.
Para a construção do moinho, são necessários materiais que não podem ser produzidos na granja, e, com isso, Napoleão começa um contato comercial com humanos, por intermédio de seu advogado, Sr. Whymper. **Nesse momento**, os porcos se mudam para a casa grande, onde o Sr. Jones vive, apesar de anteriormente ser proibido. Segundo eles, seria necessário um local onde pudessem repousar, **já que**, por serem muito inteligentes, fazem muito esforço para governar a granja. Os porcos são extremamente persuasivos. Garganta é o braço direito de Napoleão e anda pela granja defendendo seu "mestre". [...]	**Nesse momento** desempenha a mesma função que **dessa forma**, realizando a progressão textual e cumprindo o papel de sequencializador do texto. A expressão **já que**, que possui o mesmo valor que a expressão **visto que**, indica uma forma de construção de relação de explicação.
Pouco a pouco os animais que viveram a época do Sr. Jones vão morrendo, e vai sendo esquecido como era antes da Revolução. Como um irônico desfecho, os porcos aparecem andando sobre duas patas, contrariando um dos mandamentos do início da Revolução: "quatro patas bom, duas patas ruim". E, **finalmente**, os porcos unem-se definitivamente aos humanos.	**Finalmente**, da mesma forma que **assim**, introduz conclusões ou finalizações de pensamentos.

Como foi possível observar, o uso dos organizadores textuais não apenas organiza as ideias dentro de uma resenha ou de um resumo, mas também enriquece o texto, tornando-o mais sucinto, auxiliando o autor a atingir seu objetivo comunicacional.

Ao produzir seu próprio resumo ou resenha, portanto, é importante conhecer alguns dos principais organizadores textuais. Alguns deles já foram apresentados no capítulo anterior, juntamente com os respectivos tipos de relação estabelecidos por cada um. O Quadro 5.2, a seguir, também traz organizadores textuais de acordo com o sentido que eles representam dentro do texto.

Quadro 5.2 » Organizadores textuais e seu sentido no texto

Sentido	Organizadores textuais
Tomada de posição	Do meu ponto de vista, na minha opinião, pensamos que, pessoalmente acho que.
Indicação de certeza	Sem dúvida, está claro que, com certeza, é indiscutível que.
Indicação de probabilidade	Provavelmente, me parece que, ao que tudo indica, é possível que.
Relação de causa e consequência/justificativa	Porque, pois, então, logo, portanto, consequentemente.
Acréscimo de argumentos	Além disso, também, ademais.
Indicação de restrição	Mas, porém, todavia, contudo, entretanto, apesar de, não obstante.
Organização geral do texto	Inicialmente, primeiramente, em segundo lugar, por um lado, por outro lado, por fim.
Introdução de conclusão	Assim, finalmente, para finalizar, concluindo, enfim, em resumo.

Fonte: Gagliardi e Amaral (2008).

≫ Atividades

1. Escolha um texto trabalhado em uma disciplina de seu curso técnico e produza um resumo e uma resenha. Depois, indique as semelhanças e as diferenças entre os dois textos produzidos, inclusive no que diz respeito aos aspectos "físicos" (tamanho, número de linhas e de parágrafos, etc.).

2. Disponha em uma tabela os organizadores textuais a seguir de acordo com a função que exercem. Insira em uma coluna "Conclusão" os que têm função de conclusão, em uma coluna "Restrição" os que indicam restrição e em uma coluna "Justificativas" os que introduzem justificativas.

   - Porque
   - Porém
   - Todavia
   - Pelo fato de
   - Por isso
   - Assim
   - Apesar de
   - Contudo
   - Devido a
   - Finalmente
   - Enfim
   - Mas

3. Sumarize os períodos a seguir utilizando um dos seguintes procedimentos de sumarização. Assinale qual procedimento foi empregado em cada caso.

   - Reformulação das informações com uso de termos mais genéricos.
   - Apagamento de exemplos.
   - Apagamento das justificativas de uma afirmação.
   - Apagamento de argumentos referentes ao posicionamento do autor.
   - Conservação de todas as informações, pois elas não são resumíveis.

   a. O curso de Tecnologia em Análise e Desenvolvimento de Sistemas prepara o egresso para atuar em diferentes setores da área de TI.

b. Ao produzir uma resenha, o aluno precisa articular as sequências descritivas com as sequências argumentativas, isto é, o resumo do objeto resenhado e a crítica em relação a ele podem estar encadeados, permitindo, assim, a construção da coerência e da coesão textual.

c. A orientação é de que os alunos compareçam aos horários de atendimento disponibilizados pelos professores, pois, assim, o entendimento e a prática dos conteúdos estudados contribuirão para uma aprendizagem eficaz.

d. Enquanto a professora realizava a verificação das atividades coletivamente, os alunos estavam fazendo uso dos telefones celulares, acessando redes sociais em seus computadores portáteis, conversando entre si ou dormindo.

e. A legalização do aborto é uma questão muito complexa, que envolve diversos pontos de vista; contudo, convém ressaltar que muitas mulheres perdem a vida por causa da realização clandestina do procedimento.

REFERÊNCIAS

A REVOLUÇÃO dos bichos. [S. l.]: UOL, c1996-2015. Disponível em: <http://educacao.uol.com.br/resenhas/a-revolucao-dos-bichos.htm>. Acesso em: 30 set. 2014.

ABAURRE, M. L.; ABAURRE, M. B. *Produção de texto*: interlocução e gêneros. São Paulo: Moderna, 2007.

BASTOS, N. A revolução dos bichos. *Globo.com*, c2014. Disponível em: <http://educacao.globo.com/literatura/assunto/resumos-de-livros/a-revolucao-dos-bichos.html>. Acesso em: 30 set. 2014.

BBC. Presidente chilena propõe fim de proibição total do aborto. *G1*, 01 fev. 2015. Disponível em: <http://g1.globo.com/mundo/noticia/2015/02/presidente-chilena-propoe-fim-de-proibicao-total-do-aborto.html>. Acesso em: 22 mar. 2015.

COSTA, S. R. *Dicionário de gêneros textuais*. 2. ed. Belo Horizonte: Autêntica, 2009.

DREY, R. F. *O trabalho com gênero de texto no ensino médio*: sequência didática ou livro didático? 2006. 92 p. Trabalho de Conclusão de Curso (Licenciatura em Letras)–Universidade do Vale do Rio dos Sinos, São Leopoldo, 2006.

EVERTON. Resenha do Livro "O Negócio do Século XXI" de Robert Kiyosaki. *Finanças Forever*, 11 jun. 2013. Disponível em: <http://www.financasforever.com.br/resenha-do-livro-negocio-do-seculo-xxi-de-robert-kiyosaki/>. Acesso em: 22 mar. 2015.

GAGLIARDI, E.; AMARAL, H. *Pontos de vista*. São Paulo: Cenpec, 2008. (Olimpíada de Língua Portuguesa). Caderno do professor.

MACHADO, A. R. et al. *Resenha*. São Paulo: Parábola, 2004a.

MACHADO, A. R. et al. *Resumo*. São Paulo: Parábola, 2004b.

PEIXOTO, A. G. R.; DREY, R. F.; GIL, M. M. *Dominando a produção de texto*: atividades de escrita acadêmica e criativa. 2014. No prelo.

Arlinda Maria Caetano Fontes
Rui Manuel Cruse

capítulo 6

Práticas de leitura e escrita a partir de gêneros profissionais

A informatização como efeito da globalização estabeleceu, definitivamente, a relação do homem com a escrita. Hoje, em vez das rodas de amigos conversando e dando risadas, temos as redes sociais, que possibilitam que todos exponham suas ideias, muitas vezes usando de forma inadequada os códigos tradicionalmente existentes. Impõe-se, portanto, que a escola aborde essa questão, orientando os aprendizes acerca da produção dos textos que lhes servirão de passaporte para a entrada no mundo do trabalho.

Assim, neste capítulo, trataremos da importância da eficácia comunicacional e da formalidade e/ou informalidade na redação de textos do contexto profissional. Estudaremos, ainda, a finalidade, a estrutura e a caracterização dos principais gêneros textuais que circulam no mundo do trabalho – *curriculum vitae*, cartas em geral, relatórios, atas, ofícios, requerimentos e tantos outros.

Objetivos de aprendizagem

- Explicar as qualidades que favorecem a eficácia comunicacional e os desvios que a prejudicam.
- Reconhecer que algumas situações do contexto profissional requerem mais formalidade do que outras e que os textos se comportam da mesma forma.
- Empregar apropriadamente os pronomes de tratamento.
- Explicitar a finalidade, a estrutura e a caracterização dos principais gêneros textuais que circulam no mundo do trabalho.
- Utilizar articuladores textuais para encadear textos.
- Redigir textos de diferentes gêneros discursivos relativos ao contexto profissional.

» A eficácia comunicacional

> » **PARA REFLETIR**
>
> Para você, o que significa se comunicar de forma eficaz? Quais são os critérios necessários para atingir a eficácia comunicacional?

Independentemente de sua área de atuação, escrever com elegância, estilo e correção é requisito imprescindível a qualquer pessoa ávida por sucesso profissional. O bom profissional precisa saber escrever com segurança e demonstrar clareza na argumentação, redigindo textos eficazes e impactantes, que transmitam ideias e mensagens importantes com precisão.

Ou seja, o profissional deve, necessariamente, desenvolver a **eficácia comunicacional**. Para isso, ele precisa dominar alguns elementos necessários à redação de um bom texto. Exploraremos alguns desses aspectos na seção a seguir.

> » **DICA**
> Visando ao aperfeiçoamento na redação de textos, o profissional deve estar em contínuo contato com boas leituras e procurar dissipar, imediatamente, as dúvidas gramaticais e ortográficas que porventura lhe surjam.

» Qualidades de um bom texto

Um texto técnico requer, principalmente, estas qualidades: objetividade, correção, clareza, concisão, precisão, coerência e eficácia. Falaremos sobre cada uma delas em seguida.

- **Objetividade** é a manutenção do foco no que é relevante, ou seja, a eliminação de informações irrelevantes. Para preservá-la, o vocabulário deve ser simples e formal, e as frases, preferencialmente, curtas. Vejamos, no Quadro 6.1, algumas dicas de redação para manter a objetividade.

> » **DICA**
> O texto é uma máquina preguiçosa, que exige do leitor um renhido trabalho cooperativo para preencher espaços não ditos que ficaram, por assim dizer, em branco (ECO, 1979, p. 11).

Quadro 6.1 » Orientações para comunicar algo de forma objetiva

Use	Em vez de
Comunicamos-lhe...	Vimos, por meio desta, comunicar-lhe...
Encaminhamos-lhe...	Diante do exposto, encaminhamos a V. S.a...
Recebemos...	Acusamos o recebimento de...
Informamos-lhe...	Levamos ao conhecimento de V. S.a...
Solicitamos-lhe...	Vimos, com a presente, solicitar-lhe...
Respeitosamente,	Subscrevemo-nos mui respeitosamente...
Apresentamos...	Tem esta por finalidade apresentar...
Sugerimos-lhe...	Temos imenso prazer em sugerir-lhe...
Concluímos...	Chegamos à conclusão...

- **Correção** se refere à conformidade do texto com as normas oficiais de ortografia e gramática.

- **Clareza**, fruto de boa organização mental, é a qualidade que o texto tem de ser absorvido sem dificuldades pelo leitor.

- **Concisão** diz respeito à economia vocabular aliada à farta significação; consiste em expressar o máximo de ideias com o mínimo de palavras.

- **Precisão** é a qualidade de utilizar a palavra certa para dizer exatamente o que se quer. É a busca por uma linguagem econômica, que utiliza apenas os termos necessários à organização das ideias a transmitir, com o intuito de conseguir o máximo de eficiência na comunicação. Para ser preciso, uma boa dica é evitar palavras vagas e difíceis, primando pela simplicidade.

- **Coerência** é a harmonia que deve existir tanto na relação de sentido entre as palavras quanto no encadeamento das ideias no texto.

- **Eficácia** é a qualidade que o texto tem de produzir a resposta esperada. Ela é obtida por mecanismos de persuasão.

Agora que conhecemos os aspectos necessários para a redação de um bom texto, cabe a pergunta: o que pode dar errado? Isto é, quais são os possíveis deslizes aos quais devemos prestar atenção na hora de escrever?

» Ruídos de comunicação

Quem escreve deve estar atento a certos **desvios (ruídos)** em relação à norma padrão da língua que possam comprometer a qualidade do texto e prejudicar a comunicação. Exemplos de ruídos de comunicação são a tautologia, certos vícios de linguagem, regionalismos, modismos, etc. A seguir são elencados alguns procedimentos linguísticos que devem ser evitados.

- **Ambiguidade** é a característica de um texto de produzir múltiplos sentidos em consequência de má pontuação, colocação inadequada das palavras, uso equivocado do pronome possessivo ou relativo, etc. Ela prejudica a clareza e a precisão da mensagem (p. ex., em "Militantes derrotados persistem no ataque a opositores em passeata", não se sabe se os militantes derrotados estão em passeata ou se são os opositores que estão praticando essa ação).

- **Pleonasmo** ou **tautologia** se refere à repetição de um termo ou ideia (p. ex., subir para cima, descer para baixo, encarar de frente, entrar para dentro, em minha própria opinião pessoal, há anos atrás, acabamento final, elo de ligação, juntamente com, anexo junto à carta, todos foram unânimes, superávit positivo, etc.).

- **Cacofonia** diz respeito ao som desagradável resultante da combinação de pedaços de palavras vizinhas (cacos de som; p. ex., "A professora solicitou uma resenha *por cada* obra lida").

- **Eco** é a repetição desnecessária de determinado som na produção de um texto (p. ex., "O aumento do preço do alimento torna a vida um tormento").

- **Estrangeirismo** é o emprego de palavras, expressões ou frases estrangeiras nos textos da nossa língua (p. ex., *e-mail*, *free*, *selfie*, *site*, *off*, *online*, etc.).

- **Solecismo** é a ocorrência de equívocos relacionados à sintaxe, ferindo a concordância, a regência ou a colocação (p. ex., "Fazem três anos..." [o correto seria "Faz três anos..."], "Maria assistiu o filme" [deveria ser "Maria assistiu ao filme"], "Me poupe" [em vez de "Poupe-me"]).

- **Barbarismo** se refere à ocorrência de erros de pronúncia, grafia ou flexão (p. ex., "rúbrica" em vez de "rubrica", "excessão" em vez de "exceção", "os livro" em vez de "os livros").

- **Jargão técnico** é a maneira característica e específica de determinado grupo profissional (advogados, economistas, médicos, analistas de sistemas) se comunicar. Serve para tornar mais ágil a comunicação entre pessoas que dominam os mesmos conteúdos, mas deve ser usado apenas em situações muito específicas, tendo-se o cuidado de não descontextualizá-lo. Assim, se o grupo de destinatários se amplia, a linguagem deverá adequar-se a tal grupo.

- **Prolixidade** é o contrário de concisão. Trata-se do problema da demasiada extensão do texto, que o condena a se tornar uma leitura muito cansativa. Em nome da objetividade, o redator deve, sempre, procurar fazer um texto conciso, enxuto.

> » **ATENÇÃO**
>
> A rapidez com que a Internet veicula as informações pode afetar o resultado do processo comunicacional: nos procedimentos eletrônicos, por exemplo, é preciso ter atenção redobrada com a revisão, evitando encaminhar documentos sem antes fazer a releitura de todos os seus tópicos.

> » **DICA**
>
> Em princípio, os estrangeirismos devem ser evitados, exceto se o uso já estiver consagrado ou se não houver tradução, casos em que se recomenda utilizar o itálico ou as aspas. O *Manual de Redação da Presidência da República* (BRASIL, 2002) adota aspas, enquanto a Associação Brasileira de Normas Técnicas (ABNT) recomenda o uso do itálico (MARTINS; ZILBERKNOP, 2008).

- **Plebeísmo** diz respeito ao uso de palavras vulgares ou gírias (p. ex., "Fiquei besta com a sua atitude"). Deve ser evitado na redação empresarial e oficial, em que é exigida a linguagem padrão (correção gramatical e vocabulário adequado).

- **Gerundismo** é um problema recente que teve início com os serviços de atendimento telefônico e logo se espalhou para outras situações. Consiste no emprego de uma estranha locução verbal que, segundo dizem, surgiu da soma de uma má tradução do inglês com a vontade de não se comprometer perante o interlocutor (p. ex., "Nosso funcionário *vai estar chegando* à sua casa, amanhã, até as 10 horas, e *vai estar montando* seus móveis").

- **Clichê** é a denominação dada aos lugares-comuns, aos modismos, às fórmulas estereotipadas, desgastadas pelo uso excessivo, mas, muitas vezes, ainda utilizadas na comunicação verbal (p. ex., tecer considerações, grata satisfação, lamentável equívoco, dirimir dúvidas, a nível de, deixar a desejar, chegar a um denominador comum, face a, fazer uma colocação, operacionalizar, junto a, através de). Muitos modismos, mesmo contrariando a norma culta, são tidos como corretos pela maioria dos usuários do idioma, devido a seu largo emprego coloquial. É válido mencionar, ainda, que muitas fórmulas feitas utilizadas na comunicação escrita fazem parte de jargões profissionais.

- **Chavões** ou **frases feitas** consistem em vícios de estilo já incorporados à linguagem em textos administrativos. Eles denotam falta de imaginação e de vocabulário e tiram a autenticidade do texto, tornando-o antiquado. Os chavões podem, ainda, conter erros gramaticais ou semânticos (p. ex., "Acusamos o recebimento de..." [seria melhor: "Em resposta a...", "Em atenção a...", "Em referência a..."], "Outrossim,..." [é termo arcaico]).

- **Coloquialismo** se refere ao excesso de informalidade nos textos. É preciso ter muito cuidado com a comunicação eletrônica, pois, nas relações comerciais, sempre se deve utilizar a língua em sua modalidade padrão.

Para melhorar sua produção textual, o redator deve, continuamente, empenhar-se em aprimorar seus conhecimentos, reconhecer suas limitações e buscar esclarecer suas dúvidas, estudando, consultando obras confiáveis (principalmente manuais, gramáticas modernas e dicionários), lendo e escrevendo muito. Destacamos que a leitura amplia o domínio do léxico e, consequentemente, o poder de persuadir.

>> **ATENÇÃO**

Os clichês costumam ser confundidos com qualidade ou erudição, mas, na realidade, representam pobreza vocabular, devendo ser rejeitados em nome da precisão e da clareza, principalmente quando comprometem a mensagem, dificultando a compreensão. É recomendável substituí-los por expressões mais elegantes e criativas que personalizem a redação.

>> Agora é a sua vez!

Escolha uma reportagem de jornal ou de revista. Após a leitura, faça uma análise acerca de suas qualidades e também dos possíveis desvios cometidos pelo autor, justificando sua avaliação por meio de trechos do texto.

>> Pontuação

>> PARA REFLETIR

Cite alguns exemplos de mau uso da pontuação na produção textual. De que forma esses problemas se relacionam com a (falta de) eficácia comunicacional?

Faz parte da eficácia comunicacional, ainda, saber usar corretamente a **pontuação**. Esse aspecto é muito importante para o perfeito acabamento do texto. Por isso, nunca é demais refletir sobre seu uso, para não se deixar surpreender pela dúvida. Os tópicos a seguir trazem algumas orientações que poderão ser úteis na hora de revisar seu texto.

As pontuações de encerramento e os dois-pontos

Somente quatro sinais de pontuação servem para concluir frases: o ponto ou ponto-final (.), o ponto de interrogação (?), o ponto de exclamação (!) e as reticências (...). Os dois-pontos (:) não encerram frases e, portanto, não impõem a obrigatoriedade do uso de letras maiúsculas. Então, depois dele, devemos usar letra minúscula, com exceção dos casos em que lhes seguem nomes próprios (p. ex., "Maria tem três irmãos: Josias, Ismael e Miguel.") e do início de citações de frases inteiras (p. ex., "Recomendo-lhes apenas isto: leiam muito."; "Jesus disse-lhes: 'Amai-vos como eu vos tenho amado.'").

Uma enumeração encabeçada por um enunciado com dois-pontos, entretanto, admite variedade na pontuação e no uso das letras maiúsculas. Normalmente, cada item é finalizado por ponto e vírgula, com exceção do último que, obviamente, deve receber ponto. Porém, há casos em que o ponto-final é usado após cada item da enumeração.

Se os itens forem relativamente curtos e quisermos dar a eles maior ligação, será conveniente iniciá-los com letra minúscula e concluí-los com ponto e vírgula, como no exemplo a seguir.

> **>> DICA**
> Em uma enumeração, a escolha pela inicial maiúscula ou minúscula se dá em função da organização dos itens em si.

> **EXEMPLO**

Para a consecução dos nossos objetivos, devemos observar os seguintes passos:

a) assembleia geral com redação de ata;

b) listagem das atividades a serem realizadas;

c) determinação dos responsáveis pelas tarefas;

d) elaboração de planilha de custos;

e) organização do relatório.

Quando os itens são relativamente longos e queremos dar a cada um deles maior autonomia (principalmente quando possuem verbos formando orações), é bastante usual iniciá-los com maiúscula e concluí-los com ponto, como no exemplo a seguir.

> **EXEMPLO**

Para a consecução dos nossos objetivos, devemos observar os seguintes passos:

a) Os honorários advocatícios devem ser fixados previamente à execução dos serviços.

b) Será concedida dispensa de pagamento prévio dos atos processuais à parte que comprovar viver em estado de reconhecida pobreza.

c) Os representantes das partes devem prestar especial atenção à diferença de prazo para recorrer e para responder.

d) Não se pode olvidar exigência de prévia audiência do representante das partes.

>> **DICA**
Nos casos em que já há aspas em uma transcrição, usamos aspas simples (' ') para algum eventual destaque de seus termos (p. ex., "Até já se falava em 'impeachment' quando ocorreu a renúncia do presidente.").

As aspas e o ponto-final

As aspas são empregadas, principalmente, para marcar citações literais ou dar realce a alguma expressão por razão especial (estrangeirismo, arcaísmo, neologismo, gíria, ironia, etc.). Mas, muitas vezes, surge a dúvida sobre o lugar preciso que elas devem ocupar (antes ou depois do ponto).

Se as aspas abrangem apenas parte do período, o sinal de pontuação é colocado depois delas (p. ex., A equipe foi a São Paulo a bordo de um avião da "Gol".). Porém, quando as aspas abarcam todo o período, o sinal de pontuação é colocado antes delas (p. ex., "Vim, vi e venci.").

A vírgula depois de parênteses ou travessões

As vírgulas que isolam termos intercalados podem ser substituídas por parênteses ou travessões. A dúvida surge quando se quer intercalar um termo, usando travessões ou parênteses, exatamente no lugar onde, originariamente, existia uma vírgula. Nesses casos, o correto é manter a vírgula e introduzir a intercalação (com parênteses ou travessões) antes dela. Vejamos, a seguir, alguns exemplos.

>> EXEMPLO

A prova é bem direta, sem enrolação, e exige raciocínio e competência filosófica. → *A prova é bem direta (sem enrolação) e exige raciocínio e competência filosófica.* Nesse caso, não é necessário o uso de vírgula porque as duas orações aditivas ligadas pela conjunção "e" possuem o mesmo sujeito ("a prova"). Os parênteses da versão original serviam apenas para intercalar uma explicação.

A prova é bem direta, sem enrolação, e os candidatos deverão usar raciocínio e competência filosófica. → *A prova é bem direta (sem enrolação), e os candidatos deverão usar raciocínio e competência filosófica.* Nesse caso, a vírgula é mantida após os parênteses para atender à prescrição gramatical de separar duas orações aditivas ligadas pela conjunção "e" com sujeitos diferentes ("a prova" e "os candidatos"). Na frase original, a segunda vírgula tem dupla função: fecha a intercalação e separa as orações coordenadas aditivas de sujeitos diferentes.

Caso em que é necessário o uso da vírgula: *Os três organizadores do evento, Luís Arthur Bras, Cristiano Salazar e Cláudio Vargas, ao final, também redigirão o relatório.* → *Os três organizadores do evento – Luís Arthur Bras, Cristiano Salazar e Cláudio Vargas –, ao final, também redigirão o relatório.*

A vírgula antes de "etc."

É frequente o emprego da expressão latina *et cætera*, sempre de forma abreviada: "etc.". Considerando-se seu significado, a expressão não precisaria ser antecedida por vírgula (devido à presença do nexo aditivo "e", que dispensaria essa pontuação) nem deveria ser utilizada para finalizar uma listagem de nomes de pessoas (uma vez que pessoas não são coisas). Assim, a maioria dos mestres rejeita o emprego de vírgula antes de "etc.", mas os gramáticos ainda a incluem entre as regras gramaticais. E, como a regra, na língua, é a lei, ao usuário só resta obediência.

A quinta edição do *Vocabulário Ortográfico da Língua Portuguesa* (VOLP), que é a atual, usa vírgula antes de "etc.", mesmo sem mencionar qualquer regra que possa discipliná-la (ACADEMIA BRASILEIRA DE LETRAS, 2009). Nessa questão gramatical, como se percebe, o respeito à norma é indiscutível, sobrepondo-se até à lógica.

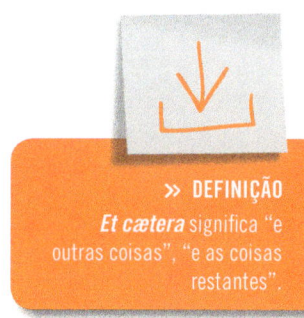

>> **DEFINIÇÃO**
Et cætera significa "e outras coisas", "e as coisas restantes".

>> Agora é a sua vez!

Com base no que foi exposto, discuta com seu colega e avalie quais das sentenças a seguir estão corretas no que diz respeito à pontuação.

1. Eles prenderam os dois filhos de Roberto, que foram os responsáveis pelo incêndio na casa. → Eles prenderam os dois filhos de Roberto – Luís e Paulo – que foram os responsáveis pelo incêndio na casa.

2. Os animais, assim como os humanos, precisam de água, comida, carinho, etc.

3. "Antes tarde do que nunca."

4. Não se esqueça de trazer estes produtos:

    a. leite.

    b. pão.

    c. manteiga.

A formalidade e a informalidade da comunicação no trabalho

PARA REFLETIR

Em que situações do seu cotidiano você sente que é necessário agir de maneira mais formal? E, quando você precisa redigir textos nesses contextos, você se preocupa em manter a formalidade? Por quê?

No mundo do trabalho, não basta escrever corretamente. Outra questão importante que deve preocupar o redator é a **formalidade**. Ela deve ser empregada em maior ou menor grau, de acordo com a pessoa, seu cargo e seu interlocutor.

Sabe-se que a polidez – o ajustamento da expressão às normas de cortesia – é um ingrediente indispensável nas relações humanas em geral, não podendo ser deixada de lado quando a comunicação ocorre por correspondência, seja ela particular, oficial ou empresarial. A polidez se faz presente no emprego de vocabulário apropriado, no abrandamento de certas expressões para evitar frases agressivas (comuns, por exemplo, em cartas de cobrança), no uso adequado das formas de tratamento (sobre as quais falaremos a seguir) e de saudação a todos os interlocutores, tanto os superiores como os colegas e subalternos.

> **IMPORTANTE**
> Considera-se ser preferível pecar por excesso de formalismo a exagerar em plebeismos.

Formas de tratamento

Conforme vimos, usar as **formas de tratamento** de modo apropriado é um dos critérios para nos comunicarmos com polidez. Abordemos, então, essa questão.

A maioria dos pronomes de tratamento é expressa por uma locução integrada pelos possessivos "vosso", "vossa", "seu" e "sua" (p. ex., Vossa Senhoria, Sua Senhoria, Vossa Alteza, Sua Alteza, etc.). Empregamos "vossa" para nos dirigirmos diretamente a uma pessoa (p. ex., "Vossa Excelência muito nos honra com discurso tão alentador") e "sua" para fazer referência a alguém que não está presente (p. ex., "Sua Excelência, o candidato eleito, encantou a multidão com discurso inflamado").

Esses são pronomes de segunda pessoa (exceto os compostos iniciados por "sua") por serem aplicados para designar o destinatário da mensagem em uma situação de comunicação, mas, apesar disso, por determinação gramatical, toda a concordância deve ser feita com formato de terceira pessoa. Assim, os verbos, os pronomes possessivos e os pronomes oblíquos empregados em relação a eles devem ficar na terceira pessoa (p. ex., "Quando *você* chegar, eu *a* abraçarei e a conduzirei a *sua* nova moradia").

Também é importante considerar a necessidade de atenção especial para estabelecer a concordância entre os elementos da frase. Os adjetivos devem concordar com o gênero da pessoa a que se referem (p. ex., "Vossa Senhoria está *equivocado*, Senhor Secretário [sexo masculino]"; "Vossa Excelência está *reeleita*, Senhora Presidente [sexo feminino]").

Quase todos os pronomes de tratamento possuem abreviaturas já previstas pelas normas ortográficas. Podemos citar, por exemplo: Sr. (Senhor), Sr.ª (Senhora), V. S.ª (Vossa Senhoria), V. Ex.ª (Vossa Excelência) e S. Em.ª (Sua Eminência). O Quadro 6.2 apresenta os principais pronomes de tratamento, suas abreviaturas no singular e no plural, as situações em que devem ser usados e os vocativos adequados.

>> **DICA**
O pronome "tu" é o único utilizado para tratamento (mas só na linguagem coloquial) que permite a manutenção de todos os termos em segunda pessoa (p. ex., "*Se tu cumprires* a meta estipulada, *receberás* teu prêmio no final da reunião").

Quadro 6.2 >> **Principais pronomes de tratamento**

Pronome de tratamento	Abreviatura no singular	Abreviatura no plural	Uso	Vocativo
Você, tu	V., -	VV., -	Para tratamento informal, reservado a pessoas com quem se tem relacionamento íntimo ou familiar.	Senhor(a)
Senhor, Senhora	Sr., Sr.ª	Srs., Sr.ªs	Para pessoas com as quais não se tem intimidade.	Senhor(a)
Vós	-	-	Restrito à linguagem litúrgica, ultraformal ou literária.	Senhores(as)
Vossa/Sua Senhoria[1]	V. S.ª	V. Sr.ªs	Para autoridades em geral: diretores, chefes, vereadores, secretários e outros.	Senhor(a) (seguido do cargo)

(Continua)

(Continuação)

Quadro 6.2 >> Principais pronomes de tratamento

Pronome de tratamento	Abreviatura no singular	Abreviatura no plural	Uso	Vocativo
Vossa/Sua Excelência	V. Ex.ª	V. Ex.ᵃˢ	Para altas autoridades – presidente da república, ministros de estado, senadores, deputados e outros – e oficiais-generais.	Excelentíssimo Senhor (mais o cargo) para os chefes de poder; Senhor para as demais autoridades.[2]
Vossa/Sua Magnificência	V. Mag.ª	V. Mag.ᵃˢ	Para reitores de universidades.	Magnífico Reitor
Vossa/Sua Eminência	V. Em.ª	V. Em.ᵃˢ	Para cardeais.	Eminentíssimo Senhor Cardeal
Vossa/Sua Santidade	V. S.	-	Para o papa.	Santíssimo Padre
Vossa/Sua Alteza	V. A.	VV. AA.	Para príncipes, princesas, duques, arquiduques.	Sereníssimo*
Vossa/Sua Majestade	V. M.	VV. MM.	Para reis, rainhas, imperadores.	Majestade*
Vossa/Sua Excelência Reverendíssima	V. Ex.ª Rev.ᵐᵃ	V. Ex.ᵃˢ Rev.ᵐᵃˢ	Para arcebispos e bispos.	Excelentíssimo Reverendíssimo Senhor (Arcebispo, Bispo)*
Vossa/Sua Reverendíssima ou Vossa/Sua Senhoria Reverendíssima	V. Rev.ᵐᵃ ou V. S.ª Rev.ᵐᵃ	V. Rev.ᵐᵃˢ ou V. S.ᵃˢ Rev.ᵐᵃˢ	Monsenhores, cônegos, frades, freiras e superiores religiosos.	Reverendíssimo Monsenhor (Cônego, Frade e outros)*
Vossa/Sua Reverência	V. Rev.ª	V. Rev.ᵃˢ	Para sacerdotes, pastores, clérigos e demais religiosos.	Reverendo (Padre, Pastor e outros)*
Vossa/Sua Onipotência	V. O.	-	Para Deus.	Senhor Deus*[3]

[1] É importante esclarecer que não há o costume de abreviar os compostos com "Sua".

[2] Exemplos extraídos do *Manual de redação da Presidência da República*: Excelentíssimo Senhor Presidente da República, Excelentíssimo Senhor Presidente do Congresso Nacional, Senhor Senador, Senhor Juiz, Senhor Ministro, Senhor Governador.

[3] Os itens marcados com asterisco (*) não constam no *Manual de redação da Presidência da República*; a maioria deles foi extraída do *Manual de redação da PUC-RS*, disponível em: <http://www.pucrs.br/manualred/tratamento.php>.

Fonte: Elaborado a partir de Brasil (2002) e Scarton e Smith (2002).

Por fim, convém lembrar a importância da uniformidade de tratamento. Ao se referir a si próprio, o locutor pode optar entre utilizar a primeira pessoa do singular ou a primeira do plural (plural de modéstia) sem, no entanto, misturar as duas formas (p. ex., "Comunico a Vossa Excelência..."; "Comunicamos a Vossa Excelência..."; "Esclareço aos Senhores..."; "Esclarecemos aos Senhores...").

Da mesma forma, é possível escrever ou se dirigir a alguém em segunda pessoa (informalmente) ou terceira (em caráter mais formal), mas não se deve mudar, ao longo do texto, a pessoa do tratamento escolhida no início. Assim, por exemplo, se começarmos a chamar alguém de "você", não usaremos "te" nem "teu" ou "tua", e os verbos receberão a flexão de terceira pessoa. Inversamente, se iniciarmos chamando alguém de "tu", não usaremos "lhe" nem "seu" ou "sua", e os verbos receberão a flexão de segunda pessoa.

>> **ATENÇÃO**
"Doutor" não é forma de tratamento, mas um título acadêmico, e seu uso deve ser reservado aos detentores de tal grau. Além disso, as expressões "Digníssimo" e "Ilustríssimo" junto ao vocativo foram abolidas.

>> Agora é a sua vez!

Com relação à uniformidade de tratamento, discuta com seus colegas e avalie quais alternativas abaixo estão corretas e quais estão incorretas.

1. Se você cumprir a meta estipulada, receberá seu prêmio no final da reunião.

2. Se tu cumprir a meta estipulada, receberá teu prêmio no final da reunião.

3. Se você cumprir a meta estipulada, receberá teu prêmio no final da reunião.

4. Se tu efetuares o pagamento à vista, eu te darei um desconto.

5. Se você efetuar o pagamento à vista, eu lhe darei um desconto.

6. Se você efetuar o pagamento à vista, eu te darei um desconto.

» Gêneros textuais que circulam no mundo do trabalho

» PARA REFLETIR

Pense em cinco gêneros textuais que você considera serem usuais no contexto profissional. Indique as características e a finalidade de cada um deles e, com isso, explique as diferenças existentes entre esses gêneros.

Os **gêneros textuais** ou **discursivos**, como unidades comunicativas, manifestam variadas intenções do autor: informar, orientar, entreter, convencer, seduzir, divertir. Tais intenções servem de base para a categorização dos textos que, diariamente, são produzidos nas relações familiares, sociais e profissionais. Nesta seção, focaremos esses últimos, ou seja, os textos que circulam no mundo do trabalho.

» CURIOSIDADE

O que caracteriza um gênero discursivo?

Para Bakhtin (2003, p. 261), três elementos configuram um gênero discursivo:

o **conteúdo temático**, concernente à abordagem dos objetos (temas);

o **estilo**, relacionado à seleção de recursos léxicos, fraseológicos e gramaticais;

a **construção composicional**, referente às formas de composição e de acabamento dos enunciados, bem como à distribuição gráfica.

Considerando-se o público-alvo desta obra, listaremos os principais gêneros textuais que lhe poderão ser úteis: algumas modalidades de correspondências e de documentos. Sobre cada um deles, faremos uma explanação, procurando conceituá-los, caracterizá-los, indicar a finalidade de seu uso e a sua estrutura, além de, quando necessário, discorrer a respeito de sua apresentação gráfica, consideran-do que alguns possuem um formato padronizado que precisa ser respeitado. No Apêndice 2, disponível no Material Complementar do livro, em loja.grupoa.com.br, o leitor pode ter acesso a exemplos de cada um desses gêneros.

> **DEFINIÇÃO**

Correspondência diz respeito a meios de comunicação em que o emissor se torna o remetente, e o receptor, o destinatário, pressupondo-se retorno e acompanhamento a cada ato. São exemplos de correspondência: ofícios, cartas, requerimentos, etc.

Já **documento**, segundo o Aurélio (FERREIRA, 2008, p. 200), é "[...] qualquer escrito usado para consulta, estudo, prova, etc. São exemplos: atas, atestados, declarações, procurações, convocações, recibos, etc.

» Abaixo-assinado

O **abaixo-assinado** é um requerimento coletivo, dirigido a uma autoridade ou órgão. Tem a finalidade de pleitear algo ou de fazer um agradecimento ou reclamação em nome de uma comunidade ou de um grupo de pessoas.

Trata-se de uma espécie de correspondência simples em que se caracterizam os assinantes e se expõe a pretensão, não sendo necessário apresentar os nomes dos requerentes. Esses podem ser listados abaixo do texto, com letra legível, colocando-se a assinatura ao lado.

Quando o assunto é de grande importância, recomendamos, ainda, incluir o número do documento de identidade (RG). As definições de local e data não devem ser esquecidas.

» Ata

A **ata** é um documento que registra, resumidamente e com clareza, as ocorrências, deliberações, resoluções e decisões de uma assembleia, sessão ou reunião, a fim de manter o engajamento do grupo e orientar a continuidade dos trabalhos. Trata-se de um documento de valor jurídico.

Devido às necessidades de interpretar, selecionar e expressar, de modo claro e fiel, informações oriundas de vários emissores, a ata tem sido considerada um gênero textual de difícil elaboração, principalmente quando sua leitura deve ser feita já no término da reunião. Nesse caso, são exigidas do redator habilidades especiais, como a de analisar as informações recebidas, distinguindo as ideias principais das secundárias, e a de ter desenvoltura no processamento do texto.

> **» IMPORTANTE**
> Mesmo em ambientes informais, as decisões tomadas em reuniões devem ser registradas formalmente e divulgadas a todos a quem elas puderem interessar.

Antigamente, as atas costumavam obedecer a uma estrutura muito rígida, de modo que poucos participantes das reuniões se dispunham, de boa vontade, a redigir o documento. Hoje, embora continuem sendo instrumentos de muita importância para a organização das empresas, elas se tornaram mais flexíveis, o que facilitou sua elaboração. Mesmo assim, recomendamos muito cuidado ao redigi-las, para evitar que pessoas mal-intencionadas desvirtuem o texto com acréscimos inverídicos.

O estudante que se prepara para o mercado de trabalho deve conhecer os dois sistemas de atas – o antigo e o moderno –, a fim de desempenhar bem sua função, atendendo ao padrão adotado pela empresa em que for atuar. Assim, apresentaremos, a seguir, algumas orientações de caráter geral, outras específicas para o padrão antigo e, ainda, outras que servem para as novas versões que vêm surgindo.

Orientações gerais

A ata deve empregar linguagem clara e precisa e utilizar a norma-padrão da língua. É necessário que ela contenha as seguintes informações:

- data;
- local;
- horário (de início e de fim da reunião);
- relação e identificação das pessoas presentes (especificando cargos e denominando o presidente e o secretário);
- ordem do dia ou pauta da reunião;
- discussões (argumentos que fundamentam as decisões e explicam o abandono de algumas ideias, devendo figurar exatamente na ordem em que ocorreram, com indicação dos autores);
- decisões (acordos entre os participantes);
- compromissos (prazos para a execução de tarefas, com os nomes dos responsáveis, e estabelecimento de dia, horário, local e participantes da próxima reunião).

É válido lembrar que a ata deve ser sucinta, de leitura acessível e que permita fácil identificação das decisões tomadas e dos compromissos assumidos. Por isso, normalmente, não são necessárias outras informações além das listadas. Por outro lado, a ata fica incompleta na ausência de algum desses itens, suscitando dúvidas sobre o andamento dos trabalhos nos leitores (principalmente se forem funcionários da empresa a que ela se refere).

Orientações sobre o padrão antigo

Tradicionalmente, as atas vinham obedecendo a regras muito rígidas. Como já foi dito, ocorreram mudanças que, atualmente, facilitam o trabalho de redação, mas o modelo antigo continua em vigor, sendo o preferido em muitas empresas. Desse modo, não restam dúvidas de que é preciso conhecer suas regras, as quais são descritas a seguir:

- O texto deve ser contínuo, formado por um único parágrafo, sem espaços em branco, contendo todas as informações listadas anteriormente.

- A ata deve ser escrita à mão, pelo secretário, em livro próprio – com termos de abertura e de encerramento e folhas numeradas –, durante a reunião, e assinada por todos os presentes em seu final ou no início da próxima, quando é feita a sua leitura. Tais termos devem ser assinados pela autoridade máxima da entidade ou por quem receber dela autorização para tanto. A mesma pessoa deve numerar e rubricar todas as folhas do livro. Havendo deliberação, a ata pode ser assinada apenas pelo presidente e o secretário.

- Números, valores e datas devem ser sempre representados por extenso (sem abreviaturas).

- Não pode conter abreviaturas ou siglas sem a sua devida explicitação.

- A ata deve ser redigida de maneira que não seja possível qualquer modificação posterior em seu conteúdo.

- Emendas, rasuras ou uso de corretivo não são permitidos.

- Em caso de engano, devem ser usadas expressões corretivas, como "digo" (para erros verificados no momento da redação; p. ex., "Naquele instante, quando o telhado desabou *sobre* o efeito do forte temporal, *digo*, desabou *sob* o efeito do forte temporal, o artista se preparava para subir ao palco") e "em tempo" (para deslizes notados após a redação; p. ex., "*Em tempo*: Na linha tal, onde se lê *entrosamento*, leia-se *entroncamento*").

- Devem ser empregados verbos de elocução para registrar as diferentes participações dos presentes, preferencialmente, no pretérito perfeito do indicativo (p. ex., disse, declarou, decidiu, questionou, argumentou, etc.).

Orientações sobre o padrão moderno

Aquelas regras cerceadoras da liberdade do redator, felizmente, estão desaparecendo aos poucos, de modo que a ata está se tornando um gênero textual mais atrativo, e qualquer um dos presentes em uma reunião pode ser capaz de escrevê-la. Já existem, inclusive, *softwares* que trazem modelos pré-prontos, que só precisam ser preenchidos com as informações específicas de cada sessão. Além disso, algumas empresas têm adotado padrões personalizados para seus documentos, incluindo as atas.

> **» DICA**
> É recomendável evitar entradas de parágrafos e listas (verticais) de itens para não haver espaços vagos que permitam a inserção de informações fraudulentas.

> **» ATENÇÃO**
> Em caso de engano, é importante destacar a necessidade de delimitar o trecho a ser corrigido. Assim, não basta o uso da expressão corretiva "digo"; é preciso repetir a última palavra correta e, só depois disso, reescrever o trecho com as alterações que se impõem.

> **IMPORTANTE**
> A preocupação, hoje, é com o registro dos acontecimentos em um leiaute que facilite a leitura e a interpretação de seu conteúdo.

Permite-se a transcrição da ata em folhas individualizadas, desde que elas sejam convenientemente arquivadas, impossibilitando fraude. Uma alternativa possível é o seu armazenamento em arquivos criptografados, no computador. Nessa modalidade, as atas devem ser encaminhadas a todos os interessados ou disponibilizadas na Internet, sendo interessante, também, por *e-mail* ou outro tipo de alerta, indicar o caminho para que ela seja conhecida.

Para que possa redigir uma ata sem problemas, é recomendável que o redator tome alguns cuidados:

- Posicionar-se em um local de onde seja possível visualizar todos os participantes e obter uma boa audição.
- Ter consigo papel (em quantidade suficiente para as anotações) e caneta (também com carga suficiente).
- Certificar-se, no caso de preferir escrever a ata diretamente no computador, das condições da máquina (funcionamento, teclado silencioso) e de suas habilidades (rapidez, domínio da máquina) e, de qualquer modo, prevenir-se, levando papel e caneta para eventuais problemas, como, por exemplo, queda de energia.
- Fazer uma gravação do evento em áudio, caso seja possível.
- Jamais emitir pareceres próprios.

No Apêndice 2, disponível no *site*, você encontrará dois exemplos de atas: um seguindo a rigidez das regras tradicionais, e outro pelo viés mais inovador.

» Agora é a sua vez!

Agrupe-se com mais três pessoas. Façam uma reunião sobre um tema livre. Duas pessoas do grupo devem redigir atas seguindo o padrão antigo; as outras duas devem escrever atas no padrão moderno. Depois, comparem as quatro atas resultantes e discutam as diferenças perceptíveis entre os dois modelos. Por fim, listem dessas diferenças.

» Atestado

O **atestado** é um documento firmado por uma autoridade em que ela confirma ou assegura a existência, ou a inexistência, de uma situação de direito de que tenha conhecimento, referente a alguém, a um fato ou a uma situação. O atestado, portanto, atende à solicitação de um interessado e serve para afirmar ou negar por escrito que algo corresponde à verdade. O autor se responsabiliza ao assinar o documento.

Variando de acordo com o que comprovam e a finalidade a que se destinam, há muitos tipos de atestados que podem ser emitidos. Eis alguns:

- atestado de pobreza;
- atestado de idoneidade moral;
- atestado de bons antecedentes;
- atestado de matrícula;
- atestado de aproveitamento escolar;
- atestado de frequência;
- atestado de trabalho;
- atestado de referência;
- atestados médicos (atestado de óbito, atestado por doença, atestado para repouso à gestante, atestado por acidente de trabalho, atestado para fins de interdição, atestado de aptidão física, atestado de sanidade física e mental, atestado para amamentação, atestado de comparecimento, atestado para internações).

O atestado é emitido em resposta à solicitação de uma pessoa interessada e, obviamente, cada tipo deve ser escrito de modo diferente, de acordo com o que a pessoa quer/precisa declarar. Porém, todos os atestados devem conter as seguintes partes:

- título: denominação do ato em letras maiúsculas ("ATESTADO");
- texto: inicia com uma breve apresentação do documento ("Atesto, para fins..."), seguindo com os dados pessoais do indivíduo em questão e a descrição do evento motivador.
- local e data: nome da cidade e dia, mês e ano da emissão do documento;
- identificação: assinatura com nome e cargo ou função da autoridade que atesta.

>> **DICA**
O papel utilizado deve conter o carimbo ou o timbre da entidade que expede o atestado.

>> **IMPORTANTE**
O **atestado** é bastante semelhante à **declaração** (sobre a qual falaremos mais adiante), mas dela se diferencia por ser, necessariamente, emitido por autoridade constituída, enquanto a declaração pode ser escrita por qualquer pessoa que deseje expressar ou testemunhar alguma verdade de seu conhecimento.

>> Agora é a sua vez!

Cada aluno da turma deve ser responsável por pesquisar, na Internet, exemplos de um tipo específico de atestado para, em seguida, falar brevemente sobre ele, priorizando as questões concernentes à estrutura. Após a apresentação de todos, a turma deve discutir sobre as diferenças encontradas, fazendo uma listagem delas.

» Bilhete

O **bilhete** é uma carta breve e simples em que se informa algo sem preocupação com a formalidade. Normalmente, é escrito à mão, em papel de qualquer tamanho, mas, com o uso cada vez mais acentuado da informática, o correio eletrônico (*e-mail*) vem substituindo, aos poucos, a forma tradicional de escrever e enviar bilhetes.

Importa salientar que, seja em papel ou em meio eletrônico, o texto revela o seu autor. Assim, é preciso, sempre, fazer bom uso do idioma e respeitar as regras de boa educação. Consideramos útil datá-lo para a contextualização da mensagem.

> » **DICA**
> A principal característica do bilhete é a informalidade.

» Carta

A **carta** é uma forma de correspondência externa, dirigida a uma pessoa (física ou jurídica), utilizada para fazer solicitações, convites ou agradecimentos ou para transmitir informações. Ela pode ter caráter público ou particular.

São inúmeras as espécies de cartas que circulam em nosso meio, cabendo dividi-las em três grandes blocos, a saber:

1. **Familiares ou sociais:** em linguagem formal ou informal, dependendo do contexto, tratam de assuntos variados, desde felicitações, convites e avisos até solicitações e pêsames.

2. **Oficiais:** em linguagem formal, objetiva, simples, elegante e correta, são dirigidas a autoridades ou órgãos públicos, eclesiásticos ou militares.

3. **Empresariais:** em linguagem formal, tratam de assuntos ligados ao comércio, à indústria, a bancos, a escritórios e a empresas.

Todos os tipos de cartas têm função informativa e persuasiva, o que requer uma linguagem predominantemente denotativa com estas qualidades: clareza, concisão, precisão, coesão, naturalidade e cortesia.

Modernamente, as cartas têm sofrido alterações tanto em sua apresentação gráfica como em seu estilo. Até os anos de 1970, aproximadamente, os conteúdos das cartas eram, visivelmente, organizados em parágrafos com entradas padronizadas (modelo denteado); hoje, os parágrafos são separados unicamente por um espaçamento maior entre a última linha de um e a primeira do outro (modelo em blocos).

A seguir, examinaremos a estrutura da carta, enumerando suas partes componentes e dando algumas explicações. Os elementos serão apresentados segundo a ordem em que, normalmente, costumam aparecer.

Número de expedição

O número (quando houver) pode figurar isoladamente, à esquerda ou à direita, ou acrescido da unidade organizacional e/ou da espécie de documento.

Local e data

O local e a data devem ser escritos por extenso, dispensando-se o zero à esquerda na indicação dos dias representados somente pela unidade. Os nomes dos meses devem ser escritos com letra inicial minúscula (p. ex., "Porto Alegre, 9 de março de 2014.").

Quando a data é mencionada no meio do texto, de forma abreviada, pode-se optar por escrever o dia e o mês com apenas um algarismo ou com dois (p. ex., "A última parcela vencerá em 07-04-2015." ou "(...) em 7-4-2015."). Outro detalhe importante é a inexistência de ponto ou de espaço, depois do milhar, na grafia do ano. Já, na designação dos logradouros, coloca-se um ponto (.) para separar a casa do milhar (p. ex., "Rua Guido Mondim, 1.005"). Depois da data, coloca-se ponto-final, que é dispensado apenas nas cartas com pontuação aberta. Segundo Gold (2009, p. 103), "Pontuação aberta é um recurso norte-americano que consiste em não se colocar [...] sinal de pontuação em três elementos: data, vocativo e fecho." Essa prática, porém, não foi bem aceita no Brasil.

Destinatário e endereçamento

Alinhado à esquerda, coloca-se o nome do destinatário, precedido da forma de tratamento adequada a sua posição. Modernamente, o endereço do destinatário costuma ser colocado somente no envelope, salvo nos casos dos envelopes janelados, em que, obviamente, ele é escrito no corpo da carta.

No envelope, emprega-se a expressão "nesta cidade" ou "nesta capital" (N/C) quando a carta é remetida a partir da mesma localidade do destinatário; "em mão" (E/M) é usada em situações em que o documento é encaminhado ao destinatário por um entregador de quem o expede; e, por fim, "ao cuidado de" (A/C) é empregada quando a carta é levada por uma pessoa nominalmente referida. Tais expressões não precisam ser usadas no corpo do texto.

Quando a mesma carta é enviada a um grupo de pessoas, recebe a denominação carta circular.

Referência e assunto

A referência sinaliza o número do documento mencionado (quando houver, pois, dependendo do modo de organização de quem expede, as cartas podem receber número de ordem ou não). Já o assunto diz respeito ao tema abordado.

> **» DICA**
> As cartas, à exceção das oficiais, não precisam ser numeradas sequencialmente.

Vocativo

Como o vocativo (ou invocação) é um chamamento ao destinatário, deve concordar com ele em gênero e número (Senhor, Senhores, Senhora ou Senhoras). Por conta da Instrução Normativa nº 4/92 do *Manual de Redação da Presidência da República* (BRASIL, 2002), após o vocativo, é obrigatório o uso de vírgula. Às vezes, para persuadir o destinatário, com mais ênfase, a atender a um pedido, empregamos o vocativo personalizado (p. ex., "Senhor Fulano de Tal" ou "Senhora Fulana de Tal").

Texto

O texto, paragrafado com a exposição do(s) assunto(s) e do objetivo da carta, deve estar alinhado à esquerda. Até mesmo o fecho – "Respeitosamente" ou "Atenciosamente" – deve ficar rente à margem esquerda. O *Manual de Redação da Presidência da República* (BRASIL, 2002) simplificou as formas de fechamento nas correspondências, mantendo somente os termos "Respeitosamente" (para destinatários superiores) e "Atenciosamente" (para destinatários de mesma hierarquia ou de hierarquia inferior).

No interior do texto, os números constituídos de uma só palavra devem ser escritos por extenso; os demais, em algarismos, porém devem ser repetidos por extenso, entre parênteses, quando se referirem a valores monetários ou porcentagens.

Assinatura, nome e cargo/função

A carta deve ser assinada pelo(a) titular da unidade organizacional. E, como a maioria das assinaturas não é legível, abaixo dela devem constar o nome por extenso, bem como o cargo. Vale lembrar que a linha para a aposição da assinatura caiu em desuso.

Anexos

No canto inferior esquerdo da folha, escreve-se a palavra "ANEXOS", seguida de dois-pontos. Depois, listam-se, nominalmente, os documentos que acompanharão a carta ou, simplesmente, exibe-se o número que representa a quantidade deles (p. ex., "ANEXOS: *Curriculum vitae*, cópia de diploma de graduação e cópia de comprovante de residência" ou "ANEXOS: 3").

No Apêndice 2 desta obra, disponível no *site*, você encontrará três modelos de carta: um para assuntos gerais e dois específicos para procurar emprego.

>> **DICA**
Quando o documento é extenso, é comum o uso de uma ementa (também chamada de epígrafe, assunto, objetivo ou objeto). Ela é colocada entre o endereço e a invocação.

>> **IMPORTANTE**
Em textos de cartas, não deve haver aquele característico espaço em branco na entrada dos parágrafos. Demonstramos a separação por um espaço maior entre as linhas de um parágrafo e outro.

Circular

A **circular** – carta, memorando, ofício – é uma modalidade de correspondência dirigida, ao mesmo tempo, a várias pessoas ou órgãos. Assim, quando enviados multidirecionalmente, esses documentos são denominados carta circular, memorando circular, ofício circular, etc.

As principais utilizações de uma circular incluem transmitir avisos, ordens, pedidos ou instruções. Dispensa-se a colocação do nome do destinatário, o qual só consta no envelope.

> **» DICA**
> O texto de uma **circular** fica mais interessante quando se atribui a ele um ar de pessoalidade, dando a impressão de que foi escrito especialmente para determinado receptor. Assim, é aconselhável explicitar o nome dele no vocativo. Hoje, com os recursos da informática, essa prática ficou facilitada.

Contrato

Contrato é um acordo de vontades para estabelecer uma regulamentação de interesses entre as partes, destinado a firmar, modificar ou extinguir alguma negociação. Trata-se de um negócio jurídico e, como tal, precisa respeitar os requisitos legais (agente capaz, objeto lícito e forma aceita em lei). Assim, o contrato não pode se fundar em condutas ilícitas, pois elas afrontariam a ordem jurídica e social. Ele deve criar obrigações equivalentes à disciplina, buscando a ordem ou a paz social.

Entre outros, os contratos carregam os seguintes objetivos:

- firmar compromissos de vontade livre e espontânea;
- gerar obrigações;
- regular ou extinguir uma relação;
- produzir efeitos jurídicos;
- adquirir, resguardar, transferir, conservar ou modificar direitos.

Para que os contratos produzam os efeitos desejados, alguns requisitos precisam ser observados na sua formulação. Tais requisitos são divididos em três categorias, as quais são explicadas a seguir.

- **Requisitos subjetivos:** existência de duas ou mais pessoas; capacidade para praticar os atos da vida civil; aptidão para contratar; consentimento.
- **Requisito objetivo:** objeto do contrato em harmonia com a legislação.
- **Requisitos formais:** formato livre de texto, desde que mostre com clareza todos os itens do acordo; documento datado e assinado pelas partes; presença e assinatura de duas testemunhas; firmas reconhecidas em cartório.

Do contrato derivam, ainda, outras formas de acordo, como a convenção e o pacto.

>> DEFINIÇÃO

Denominam-se **convenções** os negócios jurídicos plurilaterais em geral que preveem todos os acordos, vinculativos ou não, de obrigação. O termo costuma ser usado na área de direito do trabalho, em situações em que sindicatos de empregados e empregadores estipulam normas complementares às estabelecidas em lei por meio de convenção coletiva de trabalho.

Os **pactos**, por sua vez, são cláusulas apostas a certos contratos, geralmente com a intenção de lhes conferir o direito de impor sanção.

>> Agora é a sua vez!

Redija um contrato de prestação de serviços entre uma empresa e seu fornecedor (a natureza do serviço deve ser escolhida por você). Para guiá-lo na tarefa, pesquise modelos de contrato.

Depois, escreva uma carta que seria enviada pelo empregador ao fornecedor, acompanhando o contrato. Não se esqueça de seguir a estrutura mencionada anteriormente.

>> Convocação

Convocação é uma espécie de convite de cunho administrativo. Trata-se de uma forma de comunicação escrita, elaborada para chamar alguém ou várias pessoas para determinado evento (reunião, seminário, etc.) relacionado com o trabalho. Normalmente, é enviada por quem detém cargo de chefia a seus subalternos.

Na elaboração da convocação, é aconselhável o uso de vocabulário simples e de frases curtas, a fim de facilitar o entendimento por quem a recebe. Também é necessário especificar o local, a data, o horário e a finalidade, para que ela possa ser atendida prontamente.

» Correio eletrônico (*e-mail*)

O **correio eletrônico**, também conhecido como ***e-mail***, pode ser definido como a versão eletrônica da carta e, principalmente, do bilhete, quando esses são veiculados por meio da Internet. Surgiu com a missão de quebrar barreiras geográficas, a fim de que as pessoas, estando em diferentes localidades, a qualquer distância, pudessem se comunicar com eficiência, rapidez e sem qualquer custo. A essa forma de correspondência podem ser anexados documentos, fotos, vídeos, entre outros. Assim, o *e-mail* permite o rápido compartilhamento dos objetos.

Pela facilidade com que as mensagens são transmitidas *online*, o correio eletrônico vem se tornando uma ferramenta indispensável em empresas de todos os setores, uma vez que auxilia na realização das tarefas rotineiras, agiliza processos, democratiza o acesso às informações e diminui os custos. Ele pode funcionar como carta circular, memorando, comunicação interna, etc.

A forma de utilização deste recurso é muito simples. Conhecendo-se o endereço eletrônico de qualquer pessoa, empresa ou repartição, é possível encaminhar-lhes mensagens, que serão recebidas de imediato. Essas ficam armazenadas no servidor do *e-mail* do provedor até que seus destinatários acessem a Internet e as vejam, recebendo-as em seu computador.

Feita a leitura, os destinatários podem salvar tais mensagens, a fim de guardar seu conteúdo, ou deletá-las, conforme seu interesse, adotando igual procedimento para os arquivos anexos, que podem conter texto, imagens, sons, vídeos e até pequenos programas. Enfim, o único aspecto negativo que envolve a utilização deste recurso está relacionado aos vírus e às fraudes que o usuário precisa controlar.

O campo "Assunto" do formulário de correio eletrônico deve ser preenchido, com vista a facilitar a organização documental tanto do destinatário quanto do remetente. As mensagens que encaminham algum arquivo anexo devem conter informações mínimas sobre seu conteúdo e, ainda, solicitar confirmação de recebimento.

Não há uma estrutura determinada para *e-mail*, mas, de acordo com os destinatários e os assuntos abordados, podemos adaptar sua apresentação à dos documentos que circulam em papel. Vale lembrar, também, a importância de se usar linguagem compatível com a de qualquer comunicação oficial. Assim, o menor ou maior grau de (in)formalidade depende da natureza do destinatário.

> » **DICA**
> A legislação brasileira reconhece o *e-mail* como um documento original, desde que ele possua uma certificação digital que ateste a identidade do remetente na forma estabelecida em lei.

> » **ATENÇÃO**
> Quanto à linguagem, convém destacar que é falsa a ideia de que, na Internet, escreve-se de qualquer jeito. É necessário que se escreva sempre com muito cuidado, observando as normas gramaticais, sob pena de comprometer a própria imagem diante do receptor da mensagem.

» Agora é a sua vez!

Redija uma convocação a ser enviada pelo chefe de um setor a seus subordinados, para a participação em uma reunião de orçamento. Tenha em mente que seria utilizado o correio eletrônico.

» *Curriculum vitae*

O **curriculum vitae**, também chamado de **currículo** ou de **CV**, é um documento que fornece as informações pessoais de um profissional, retratando sua formação acadêmica e sua trajetória no mercado de trabalho, a fim de demonstrar suas qualificações, competências e habilidades. Elaborado pessoalmente, em interesse próprio, o CV é utilizado, entre outras razões, para as seguintes finalidades:

- Pleitear vagas de emprego.
- Atualizar informações pessoais.
- Acompanhar trabalhos enviados a congressos, simpósios ou obras de caráter técnico-científico ou literário em que seja necessário avaliar o autor.
- Apresentar conferencistas.
- Em atividades públicas, comprovar qualificações declaradas.

Não existe um modelo-padrão para o currículo, mas alguns cuidados devem ser observados, como os que listamos a seguir:

- Evitar excesso de informações.
- Fornecer data de nascimento, estado civil e número de filhos menores, visto que são dados que podem interessar aos empregadores.
- Não há regras que determinem a ordem dos itens no documento, e podem ser acrescentados outros itens que não aparecem aqui. Recomendamos, entretanto, facilitar a tarefa de quem deve analisar os elementos fornecidos, evitando colocar dados irrelevantes.
- A formação e a experiência profissional devem ser preenchidas em ordem decrescente, a fim de dar maior visibilidade aos dados atuais. Inicie pelo curso mais recente e conclua com o mais antigo, adotando o mesmo critério para listar as empresas em que você atuou.
- A quem realizou cursos e trabalhos em áreas muito diferentes, recomendamos organizar vários currículos, cada um com um objetivo específico e a formação e a experiência correspondentes, sem misturar as habilitações.

> » **DICA**
> Um *curriculum vitae* completo, enxuto e bem apresentável é o primeiro passo para a conquista de um bom emprego. No mundo extremamente competitivo em que vivemos hoje, toda a atenção a esse aspecto é necessária.

- Fotografias, cartas de recomendação e números de documentos pessoais só devem ser incluídos se a empresa destinatária os solicitar.
- É de bom tom encaminhar um ofício ou uma carta de apresentação com o currículo. Isso também pode ser feito mediante o envio de uma mensagem por *e-mail* (ou outra ferramenta eletrônica), com o currículo em arquivo anexo.

» Agora é a sua vez!

O momento de produzir o *curriculum vitae* pode ser bastante desafiador, e um dos motivos para isso é a inexistência de um modelo único. Pesquise na Internet cinco modelos diferentes de currículo e faça uma análise das diferenças encontradas. Por fim, indique qual você julga ser o formato mais apropriado. Se preferir, você poderá elaborar o seu CV personalizado, juntando itens dos diferentes modelos.

» Declaração

A **declaração** é um depoimento emitido por qualquer pessoa. Ela se assemelha ao atestado, mas dele difere por não ser expedida por autoridade constituída. É usada para confirmar (testemunhar) a existência ou a inexistência de um fato que sirva para garantir determinado direito a uma pessoa específica.

O emissor de uma declaração pode ser tanto uma pessoa física como uma pessoa jurídica que tenha conhecimento do fato, bem como capacidade e liberdade para se posicionar sobre a questão. Ela pode ser redigida em causa própria ou sobre outra pessoa, podendo, às vezes, ser substituída pelo atestado.

A declaração deve:

- ter um título em letras maiúsculas (DECLARAÇÃO);
- apresentar o nome e a caracterização de quem é favorecido;
- ressaltar sua finalidade;
- incluir, abaixo do texto, o local e a data de sua realização;
- possuir a assinatura do emissor e, se for o caso, seu cargo ou sua função.

» Laudo

O **laudo** é um documento que apresenta o parecer técnico de um perito, emitido após a realização de exames. Expressa as impressões captadas por um técnico ou um especialista, por meio de seus conhecimentos especiais, em torno de fato litigioso. Normalmente, o laudo constitui-se em documento próprio (não é atestado e nem resultado de exame) e serve para fundamentar um diagnóstico em determinada área (medicina, odontologia, engenharia, etc.).

Um laudo contém, geralmente, as seguintes partes:

- Identificação (autor e sua titulação, interessado e assunto/finalidade).
- Descrição da demanda (informe sobre a problemática em questão e razões do pedido do documento).
- Procedimento (recursos, instrumentos técnicos e referencial teórico utilizados).
- Análise (exposição descritiva dos dados colhidos).
- Conclusão (exposição do resultado).

Após a conclusão, encerramos a redação do documento com a indicação do local e da data de emissão, bem como com a assinatura do redator, com o carimbo e o número de inscrição em seu órgão de classe (p. ex., Conselho Regional de Medicina [CRM] ou Conselho Regional de Odontologia [CRO]).

> » **ATENÇÃO**
> A redação do laudo é de responsabilidade do perito, mesmo quando ele é acompanhado por assistentes técnicos.

» Memorando

O **memorando** é um tipo de correspondência interna que segue o padrão redacional do ofício e é veiculado entre unidades administrativas de uma mesma empresa ou órgão público, as quais podem pertencer, hierarquicamente, tanto a níveis iguais como diferentes.

Este gênero discursivo se caracteriza, principalmente, pela rapidez com que transmite a mensagem e pela simplicidade do texto. Assim, evitando-se perda de tempo e desperdício de materiais, os despachos são registrados no próprio documento.

Dadas as facilidades que a tecnologia oferece, os memorandos utilizados em empresas vêm sendo substituídos pelo correio eletrônico.

Algumas observações:

- Na numeração do memorando, assim como na do ofício, não consta o ano, mas deve ser mencionado o órgão de origem (Memorando UFRGS/COMGR-DGEA n.º 21).
- A data deve ser colocada na mesma linha da numeração mencionada.
- O destinatário deve ser identificado pelo cargo que ocupa; o emissor aparece junto à numeração e é explicitado na assinatura, onde é declarado, também, o seu cargo.
- A estrutura do texto, incluindo o seu fecho, segue a mesma normatização do ofício.

» Ofício

De acordo com o *Manual de Redação da Presidência da República* (BRASIL, 2002), **ofício** é uma modalidade de correspondência externa, oficial, de caráter formal e cerimonioso, trocada entre chefes ou dirigentes de hierarquia equivalente ou enviada a alguém hierarquicamente superior àquele que assina. Presta-se, portanto, ao intercâmbio de informações sobre assuntos técnicos ou administrativos, seja entre agentes públicos ou entre um agente público e um particular. Entre agentes unicamente particulares não tramitam ofícios; nesses casos, o recomendado é o uso da carta.

> ### » DICA
>
> Os mesmos órgãos que empregam o ofício utilizam, internamente, o memorando. Como já mencionado, ambos seguem o mesmo padrão redacional, mas o memorando é menos formal: deve buscar rapidez e pautar-se pela simplicidade burocrática. Então, podemos dizer que a diferença entre os dois é o público ao qual cada um dos gêneros é direcionado: enquanto o alvo do memorando é o público interno, o do ofício é o externo. O mesmo critério serve para o envio de memorandos (correspondência interna) e cartas (correspondência externa) nas empresas.

Tanto o ofício como o memorando se destinam a prestar informações com clareza e precisão. Assim, mesmo usando a língua em sua modalidade culta, devem primar pela simplicidade, pois "[...] as comunicações que partem dos órgãos públicos federais devem ser compreendidas por todo e qualquer cidadão brasileiro." (BRASIL, 2002, p. 4).

Arrolamos a seguir as partes componentes do ofício:

- Título abreviado ("Of."), numeração e sigla do setor expedidor, sem especificação do ano, à esquerda da página.
- Local e data, por extenso, à direita da página, com ponto-final, na linha seguinte à do título.
- Explicitação do assunto (facultativa).
- Vocativo, alinhado à esquerda, composto pelo nome do destinatário precedido da forma de tratamento (p. ex., "Senhor Presidente do Clube Comercial").
- Texto dividido em parágrafos, com a exposição do(s) assunto(s) e o objetivo do ofício. Tais parágrafos são numerados, com exceção do primeiro e do último. A numeração, seguida de ponto, deve ser colocada a 2,5 cm da margem esquerda da folha, enquanto o texto deve se alinhar pelo primeiro deles.
- Fecho de cortesia, centralizado na folha, expresso pelos advérbios "Respeitosamente" (para autoridades superiores) ou "Atenciosamente" (para autoridades da mesma hierarquia ou de hierarquia inferior e para todos os demais destinatários), seguido, obrigatoriamente, de vírgula.
- Assinatura, nome e cargo do emitente do documento com ponto-final.
- Endereçamento na parte inferior da página, igual ao que será grafado no envelope, de acordo com o tratamento empregado (veja exemplos abaixo). Se o documento se estender por mais de uma página, deveremos colocar o endereçamento, sempre, na parte final da primeira (terminando, rente à margem inferior), continuando, normalmente, a redação na página seguinte e concluindo-a com o fecho e a assinatura.
- Havendo anexos, eles são mencionados após a assinatura.

>> **DICA**
O papel utilizado é o de tamanho ofício. Recomendamos dobrá-lo em três partes, de modo que o endereçamento, voltado para cima, fique visível.

>> **EXEMPLOS**

Excelentíssimo Senhor	Senhor	A Sua Excelência o Senhor
Fulano de Tal	Fulano de Tal	Fulano de Tal
Prefeito Municipal de Taquara	Presidente do Clube Comercial	Ministro de Estado da Justiça
Rua Tristão Monteiro, n.º 1.278 (com ponto separando o milhar.)	Rua Júlio de Castilhos, n.º 2.735	CEP 70064-900 – Brasília/DF
CEP 95600-000 – Taquara/RS	CEP 95600-000 – Taquara/RS	

» Agora é a sua vez!

Considere que determinada unidade em um órgão público esteja alterando levemente sua denominação. Redija um memorando para informar o fato às outras unidades do órgão e um ofício com o mesmo fim, mas destinado a um órgão externo e hierarquicamente superior.

» Procuração

Procuração é um documento legal pelo qual uma pessoa maior de idade, em pleno uso de suas capacidades mentais (outorgante ou constituinte), transfere poderes a outra pessoa (outorgado ou procurador) voluntariamente, a fim de que essa a represente. A procuração pode ser *pública* (lavrada em cartório pelo tabelião e registrada em um livro específico, que é arquivado) ou *particular* (redigida pelo próprio interessado, o outorgante, digitada ou manuscrita, com o reconhecimento de sua assinatura em cartório).

No caso de o outorgante não poder assinar a procuração por ser analfabeto ou estar doente, ela deverá ser lavrada na presença de duas testemunhas, maiores de 18 anos, portando documento de identidade e CPF originais.

No corpo do texto, a procuração precisa apresentar estes itens:

- a identificação (nome, nacionalidade, estado civil, profissão, CPF) de ambas as partes;
- o endereço das partes;
- os poderes delegados;
- a finalidade;
- o prazo de validade;
- o local, a data e as assinaturas do outorgante ou constituinte e das testemunhas (se houver).

> » **DICA**
> Para que a procuração tenha validade legal, todas as assinaturas devem ser reconhecidas em cartório.

» Recibo

Um **recibo** é a comprovação do pagamento de um bem ou serviço. Trata-se de um texto simples que contém o nome e a identificação do(a) pagador(a) e do(a) recebedor(a), a especificação da quantia paga, a sua motivação (bem adquirido ou serviço prestado), o local e a data. É um documento de muita utilidade, uma vez que resguarda direitos de quem é honesto e bom pagador de suas contas.

» Relatório

Relatório é a descrição pormenorizada de atividades realizadas por um estudante ou um funcionário no desempenho das funções do cargo que exerce ou por ordem de autoridade superior. É, geralmente, feito para expor trabalhos realizados, situações de serviço, resultados de exames, eventos ocorridos em relação a planejamento, prestações de contas ao término de um exercício, etc.

Trata-se, então, de um documento administrativo ou científico que apresenta as características e as circunstâncias de um trabalho técnico, profissional ou acadêmico – como uma experiência científica, o desenvolvimento de um projeto, a utilização de uma tecnologia, uma pesquisa realizada, enfim, ações das mais diversas. Muitas vezes, o relatório diz respeito ao andamento de trabalhos junto a órgãos financiadores e fiscalizadores, podendo constituir-se em etapa de estágio ou de pesquisa.

O relatório pode ser realizado individualmente ou em grupo, dependendo da natureza da atividade que expõe, a qual também pode ter sido feita de um ou de outro modo. Embora não haja uma estrutura rígida para a sua elaboração, ele normalmente segue o padrão do âmbito da instituição a que é apresentado.

Basicamente, são três os tipos de relatório:

- **Relatório de crítica:** bastante detalhado, descreve a maneira como uma atividade foi desenvolvida e opina sobre ela, evidenciando o conhecimento (ou a capacidade) de seu(s) autor(es).
- **Relatório de síntese:** menos elaborado do que o anterior, compõe um conjunto com outros relatórios que tratam de etapas diferentes de uma mesma atividade.
- **Relatório de formação:** mais ou menos pormenorizado, apresenta atividades desenvolvidas durante um curso e/ou um estágio.

» **DICA**
O relatório é útil para orientar a realização de alguma tarefa e informar superiores e outros interessados, apresentando resultados parciais ou totais de atividades finalizadas ou em execução.

Os relatórios completos apresentam as partes elencadas a seguir.

- Título (a palavra "RELATÓRIO" em letras maiúsculas).
- Identificação do(s) autor(es), da instituição, da seção da empresa ou turma escolar, da tarefa e do período de realização.
- Texto dividido em parágrafos, com introdução, desenvolvimento e conclusão.
- A introdução indica com clareza o objetivo do trabalho, o método utilizado, os conhecimentos teóricos considerados e um resumo do que foi realizado.
- O desenvolvimento (corpo do relatório) registra todas as leituras e/ou observações efetuadas, expondo minuciosamente os fatos na sequência em que aconteceram (incluindo cálculos efetuados) e enumerando os diversos tipos de recursos e materiais utilizados com seus respectivos atributos, quando considerados importantes.
- O relato das conclusões aponta para as dificuldades encontradas durante a realização do trabalho e os resultados obtidos, bem como faz recomendações de providências cabíveis.
- Discussão dos resultados com comentários sobre o fato de eles coincidirem ou não com as expectativas e fazendo cotejo com os registros da introdução.
- Listagem da bibliografia utilizada, respeitando a ordem alfabética na apresentação destes elementos: identificação do autor (sobrenome em maiúsculas, vírgula, primeiro nome), ponto, título da obra (grifado com **negrito**, sublinha ou *itálico*), ponto, nome da cidade em que a obra foi editada, dois-pontos, nome da editora, vírgula, ano de publicação e ponto (p. ex., "POSSENTI, Sírio. *Os limites do discurso*. Curitiba: Criar, 2002.").
- Local e data por extenso.
- Assinatura do(s) redator(es) com nome e cargo ou função.
- Anexos com materiais ilustrativos e/ou documentais.

Os relatórios costumam ser arquivados para servir de fonte de consulta em qualquer tempo. Por isso, devem ser cuidadosamente elaborados e, para facilitar o trabalho dos leitores, convém que seus redatores observem alguns preceitos que arrolamos a seguir:

- Apresentação com uma capa que coloque em evidência o seu conteúdo.
- Linguagem objetiva, simples, precisa, clara, concisa, na modalidade padrão da língua, respeitando, em especial, a ortografia, a concordância, a regência e a pontuação.
- Texto coerente e coeso, sem omissões de dados importantes.
- Uso do esquema do jornalista – "quem?", "o quê?", "por quê?", "com quem?", "como?", "quando?", "quanto?", "onde?" –, que pode contribuir para a realização do texto objetivo que o relatório requer. Após responder a essas questões, redigimos o relato com começo, meio e fim.

>> **IMPORTANTE**
O relatório deve ser escrito de acordo com o destinatário – um grupo de profissionais, um diretor ou gerente, colegas de trabalho ou de aula –, sendo adotado um estilo protocolar, formal ou informal, sintético ou analítico, conforme cada caso.

- Muita criatividade, especialmente no início do texto, para prender, desde logo, a atenção do leitor, motivando-o a se interessar pela leitura.

- Meio do texto predominantemente persuasivo, para convencer o leitor a respeito do ponto de vista adotado, elencando fatos, estatísticas, gráficos, organogramas, fotografias, imagens diversas, tabelas, diagramas, apêndices, resumos, notas de rodapé, depoimentos e referências variadas, enfim, elementos que deem consistência ao relatório.

- Parte final, tal como a inicial, impactante, fazendo, no último parágrafo, um resumo do que foi escrito e, se possível, culminando com uma frase expressiva que possa fechar o texto com garbo.

- Texto não muito longo, ao qual se apliquem as regras de sintetização do resumo (ver Capítulo 5).

- Acompanhamento de anexos dos mais diversos formatos, como quadros, esquemas, gráficos, etc.

- Dependendo da natureza e da finalidade do trabalho, apresentação também em outras línguas.

- Números, cifras e dados estatísticos informados com muita precisão.

- Condução a uma conclusão e, se possível, à formulação de sugestões.

- Formato simples, com títulos e subtítulos que indiquem os assuntos tratados.

Agora é a sua vez!

Faça um relatório de crítica sobre um trabalho ou projeto recente que você tenha desenvolvido em seu curso. Tenha em mente que o destinatário de seu relatório será seu/sua professor(a).

Requerimento

Requerimento é um documento específico de solicitação de um bem, um direito ou uma declaração de uma autoridade pública. É por meio dele que a pessoa física ou jurídica requer algo a que tem direito (ou pressuponha ter) – concedido por lei, decreto, ato, decisão, etc. –, dirigindo-se a uma entidade oficial, um organismo ou uma instituição. Assim, podemos fazer um requerimento a um órgão público, a um colégio, a uma faculdade e a uma infinidade de outros destinatários, realizando-se os mais diferentes tipos de solicitação.

São características do requerimento:

- uma estrutura rígida, composta de invocação, texto e fecho;
- a utilização da 3ª pessoa gramatical;
- o emprego de pronomes de tratamento específicos para as diferentes autoridades a que se destina.

Na invocação, basta mencionar o título da autoridade a quem se dirige o texto, lembrando que todos os termos devem ser escritos por extenso. O autor se dirige à autoridade destinatária empregando o tratamento recomendado no *Manual de Redação da Presidência da República* (BRASIL, 2002) (ver seção "Formas de tratamento", neste capítulo).

O texto deve iniciar pelo nome do requerente com sua qualificação (ou representação, se for pessoa jurídica) e o objeto da solicitação (o pedido), fundamentado, se possível, com a exposição do ato legal em que se baseia. Expressões como "abaixo-assinado", "muito respeitosamente" e outras que já se tornaram arcaicas devem ser abolidas, privilegiando-se a simplificação da linguagem, mas sempre tendo em vista a correção gramatical e a clareza.

Aconselhamos que o nome do solicitante seja acompanhado de informações que o identifiquem, respeitando a natureza do requerimento. Para apresentar, por exemplo, um requerimento de matrícula na instituição de ensino que frequenta, o estudante deve qualificar-se com seus atributos de aluno, como n.º de matrícula, série, turma, etc. E o pedido pode ser feito por meio de uma das seguintes formas: "pede a V. S.ª", "solicita a V. S.ª", "requer a V. S.ª", etc.

No fecho, colocamos a fórmula escolhida entre as expressões listadas a seguir, seguida da data e da assinatura do requerente ou de seu representante legal. As fórmulas convencionais de encerramento do requerimento admitem as seguintes variações:

- "Nesses termos" (ou "N. Termos" ou "N. T."), "espera deferimento" (ou "E. D.").
- "Nesses termos" (ou "N. Termos" ou "N. T."), "pede deferimento" (ou "P. D.").
- "Nesses termos" (ou "N. Termos" ou "N. T."), "aguarda deferimento" (ou "A. D.").
- "Nesses termos" (ou "N. Termos" ou "N. T."), "pede e aguarda deferimento" (ou "P. e A. D.").
- "Termos em que pede deferimento."

É de praxe, como se vê, solicitar deferimento, pois o pedido deve ser deferido ou indeferido (isto é, aprovado ou não) pela autoridade que o recebeu. Assim, a autoridade, em geral, despacha o documento com uma das duas expressões: "deferido" ou "indeferido". No primeiro caso, acrescenta as diligências a serem tomadas (cumprimento do que está sendo pedido, encaminhamento ao requerente, etc.); no segundo, justifica a negativa (razões do impedimento).

> **» DICA**
> Não é necessária a inclusão do nome da pessoa na invocação, pois ela acolherá (ou não) o pedido não por vontade própria, mas em razão do cargo que ocupa.

> **» IMPORTANTE**
> Entre a invocação e o texto propriamente dito, deve haver um espaço de, aproximadamente, seis a dez linhas. Ele serve para que a autoridade expresse o seu parecer sobre o pedido que lhe foi feito.

>> Torpedo

Torpedo é um texto curto que visa à comunicação rápida e informal. Inicialmente, limitava-se à utilização de apenas 160 caracteres. É enviado por mensagem de texto de celular (SMS, *short message service*).

O SMS evoluiu para o MMS (*multimedia messaging service*), serviço de mensagens multimídia, por meio do qual os usuários podem enviar e receber mensagens não mais limitadas aos 160 caracteres do SMS. Tais mensagens, muitas vezes, são enriquecidas com recursos audiovisuais, como sons, imagens, gráficos, vídeos, podendo ser transmitidas para qualquer aparelho compatível ou qualquer endereço de *e-mail*. No caso de a mensagem multimídia ser enviada para um celular sem capacidade de reproduzi-la, o destinatário receberá um código de acesso para visualizá-la no *site* da própria operadora.

>> ATENÇÃO

Devido à rapidez com que o torpedo é escrito, é comum o emprego de palavras abreviadas ou com alterações na grafia, sem que haja qualquer estranhamento pelos usuários. Entretanto, sempre é bom lembrar que o cuidado com a escrita, seja na situação que for, é revelador sobre nós e pode ser um fator decisivo em avaliações (p. ex., quando estamos pleiteando uma vaga de emprego).

>> Síntese

>> PARA REFLETIR

A variedade de gêneros discursivos é infinita. Portanto, sempre poderão ser acrescentadas a esta lista novas tipologias que vamos encontrando em nosso dia a dia, nas nossas relações familiares e sociais.

E você, consegue se lembrar de algum gênero textual relevante para o mundo profissional que não tenha sido abordado neste capítulo? Discuta esta questão com seus colegas. Liste alguns desses gêneros e faça uma pesquisa, tentando identificar o conceito, as características e a finalidade de cada um.

O Quadro 6.3 apresenta, de forma sintética, os principais tópicos sobre cada um dos 19 gêneros discursivos que vimos ao longo deste capítulo.

Quadro 6.3 » **Conceito, características e finalidade dos gêneros apresentados neste capítulo**

Gênero	Conceito	Características	Finalidade
Abaixo-assinado	Requerimento coletivo que formaliza pedido, agradecimento ou reclamação.	Texto formal. Requerimento coletivo. Dirigido a uma autoridade ou a um órgão.	Pleitear algo ou fazer um agradecimento ou uma reclamação em nome de uma comunidade ou de um grupo de pessoas.
Ata	Documento que registra, resumidamente e com clareza, as ocorrências, deliberações, resoluções e decisões de uma reunião, sessão ou assembleia.	Possui dois padrões: um antigo, bastante rígido; outro moderno, mais flexível, que dispensa a maioria das regras sem, contudo, determinar com precisão como deve ficar o texto[4]. Principais regras: Texto contínuo, com um só parágrafo. Números, datas, valores escritos por extenso. Sem emprego de abreviaturas ou siglas. Sem emendas, rasuras ou uso de corretivo. Verbos de elocução no pretérito perfeito do indicativo. Assinada por todos os presentes ou somente pelo presidente e pelo secretário. Sem pareceres pessoais.	Documentar.

(Continua)

(Continuação)

Quadro 6.3 » Conceito, características e finalidade dos gêneros apresentados neste capítulo

Gênero	Conceito	Características	Finalidade
Atestado	Documento em que uma autoridade assegura a existência ou a inexistência de uma situação de direito de que tenha conhecimento.	Documento oficial. Diversos tipos. Atendimento à solicitação de um interessado. Fornecido por quem exerce cargo superior ou igual ao da pessoa que o solicita. Com carimbo ou timbre da entidade que o expede.	Afirmar ou negar a veracidade de um fato.
Bilhete	Carta breve e simples.	Informalidade. Datado (preferencialmente).	Comunicar, com rapidez, ocorrências do cotidiano.
Carta	Correspondência externa, de caráter público ou particular, dirigida a pessoa (física ou jurídica). Três blocos: familiares ou sociais, oficiais e empresariais.	Função informativa, persuasiva. Predomínio da denotação. Clareza, concisão, precisão, coesão, naturalidade, cortesia. Linguagem formal ou informal adequada ao contexto de produção.	Informar, solicitar, convidar, agradecer, etc.
Circular	Correspondência enviada para várias repartições ou pessoas ao mesmo tempo.	Multidirecional, pode não apresentar destinatário específico. Destinatário identificado pelo endereço do envelope. Simulação de pessoalidade.	Transmitir algo a várias pessoas: informações, avisos, ordens, pedidos, instruções.

Quadro 6.3 » Conceito, características e finalidade dos gêneros apresentados neste capítulo

Gênero	Conceito	Características	Finalidade
Contrato	Acordo de duas ou mais vontades, na conformidade da ordem jurídica, destinado a estabelecer uma regulamentação de interesses entre as partes, com o escopo de adquirir, modificar ou extinguir relações jurídicas.	Respeito à lei e à licitude do objeto. Criação de obrigações. Requisitos subjetivos, objetivos e formais.	Firmar compromissos jurídicos de vontade livre e espontânea; gerar obrigações; regular ou extinguir relações; produzir efeitos jurídicos; adquirir, resguardar, transferir, conservar ou modificar direitos.
Correio eletrônico (*e-mail*)	Carta ou bilhete veiculado por meio de sistemas eletrônicos de comunicação a que podem ser anexados documentos, fotos, vídeos, etc.	Envio de mensagens *online*. Funcionamento como carta, memorando, comunicação interna, circular, etc. Eficiente. Rápido. (In)formal. Baixo custo.	Enviar mensagens e documentos instantaneamente, via Internet, para qualquer lugar.
Convocação	Forma de comunicação escrita, espécie de convite de cunho administrativo.	Especificação de local, data, horário e finalidade. Vocabulário simples e frases curtas para fácil entendimento.	Chamar alguém ou várias pessoas para um fim determinado.
Curriculum vitae	Forma organizada de informar quem o indivíduo é e quais são suas qualificações, competências e habilidades.	Identificação do profissional, por meio da apresentação de sua formação acadêmica e de sua trajetória no mercado de trabalho. Sem excesso de informações. Apresentação da formação e da experiência profissional em ordem decrescente. Múltiplos currículos em casos de formação e experiência variadas.	Pleitear vagas de emprego, além de atualizar informações pessoais.

(Continua)

(Continuação)

Quadro 6.3 » Conceito, características e finalidade dos gêneros apresentados neste capítulo

Gênero	Conceito	Características	Finalidade
Declaração	Documento em que uma pessoa assegura a existência ou a inexistência de uma situação ou fato de que tenha conhecimento.	Emitida por pessoa física ou jurídica com capacidade de se posicionar. Apresentação do nome e caracterização do favorecido. Indicação da finalidade. Semelhante ao atestado, com a diferença de não precisar ser expedida por autoridade.	Confirmar a existência ou a inexistência de um fato, garantindo um direito a alguém.
Laudo	Parecer técnico de um perito.	Impressões de um técnico ou de um especialista, captadas por meio de seus conhecimentos especiais sobre fato litigioso. Redação de responsabilidade do perito.	Fundamentar um diagnóstico em qualquer área (medicina, odontologia, engenharia, etc.).
Memorando	Correspondência interna com o mesmo padrão redacional do ofício, veiculada entre unidades administrativas de um mesmo órgão.	Correspondência interna. Linguagem culta. Muito simples. Rápido. Registro do despacho no próprio documento.	Fazer o intercâmbio interno de informações sobre assuntos técnicos ou administrativos dos órgãos públicos.
Ofício	Correspondência externa, oficial, de caráter formal e cerimonioso, trocada entre agentes públicos ou entre um agente público e um particular.	Correspondência externa. Estrutura rígida. Linguagem culta.	Fazer o intercâmbio externo de informações sobre assuntos técnicos ou administrativos dos órgãos públicos.
Procuração	Ato pelo qual uma pessoa atribui a outra, voluntariamente, poderes para representá-la.	Documento oficial. Caráter público ou particular. Assinaturas reconhecidas em cartório.	Autorizar o outorgado a praticar os atos para os quais é nomeado.

Quadro 6.3 » Conceito, características e finalidade dos gêneros apresentados neste capítulo

Gênero	Conceito	Características	Finalidade
Recibo	Documento que comprova o pagamento de um bem ou serviço.	Texto simples. Exibição de nome e da identificação do(a) recebedor(a) e do(a) pagador(a), da quantia paga, da motivação, do local e da data.	Resguardar direitos.
Relatório	Documento que descreve com detalhes um trabalho técnico, profissional ou acadêmico.	Diferentes tipos. Escrito com formatação padronizada.	Apresentar resultados parciais ou totais de um experimento, projeto, ação, pesquisa ou outro evento, esteja ele finalizado ou em andamento.
Requerimento	Documento por meio do qual uma pessoa física ou jurídica solicita às autoridades ou aos órgãos públicos algo a que tem direito (ou pressuponha ter), concedido por lei, decreto, ato, decisão, etc.	Escrito em 3ª pessoa. Estrutura textual rígida. Emprego de pronomes de tratamento específicos para as diferentes autoridades a que se destina.	Requerer algo a que se tem direito (ou se pressuponha ter).
Torpedo	Texto curto enviado por SMS ou MMS, mensagem de texto de celular.	Comunicação rápida. Texto informal. Abreviaturas e/ou alterações na grafia.	Efetuar comunicação rápida e informal.

[4] As novas atas não precisam ter um formato único, mas os redatores devem continuar cuidando para produzi-las de modo que cumpram a sua finalidade, evitando deixar margem para ações fraudulentas, como acréscimo ou supressão de informações.

» Atividades

Para testar a aprendizagem e a capacidade de escrever e utilizar adequadamente as modalidades de gêneros discursivos que acabamos de estudar, vamos fazer uma atividade. Parte dela é individual; a outra parte requer a formação de grupos.

A proposta é que a turma se organize em torno de um evento coletivo, que pode ser real ou hipotético, e exercite a escrita dos diferentes gêneros estudados. Usaremos, aqui, o exemplo de uma festa de formatura, mas a tarefa pode ser adaptada a outros tipos de evento.

Tarefas individuais

Cada aluno deve produzir estes seis textos:

1. Escrever um requerimento dirigido ao diretor da escola, solicitando a inclusão de seu nome na lista de formandos.

2. Redigir seu próprio *curriculum vitae*, a fim de utilizá-lo para começar a procurar emprego. Ele deve ser acompanhado de uma carta de apresentação com a indicação de como tomou conhecimento da vaga pleiteada.

3. Escrever um bilhete para a mãe com o objetivo de explicar que precisou sair a fim de participar de uma reunião com os colegas acerca da organização da festa de formatura.

4. Redigir a ata da reunião supramencionada.

5. Redigir uma procuração nomeando alguém que possa representá-lo na cerimônia de formatura, por algum motivo que deve ser especificado.

6. Escrever um laudo referente a um assunto de sua livre escolha. Para realizar esta tarefa, o aluno poderá pesquisar alguns laudos e/ou conversar com alguns profissionais experientes.

Tarefas em grupo

Nesta etapa, a turma deve ser dividida em grupos de, aproximadamente, quatro ou cinco estudantes.

Grupo 1

O Grupo 1 deve:

1. Escrever ofícios endereçados ao Prefeito Municipal e a outras autoridades para convidá-las à solenidade de formatura.

2. Escrever um memorando, que deve ser assinado pelo diretor da escola e encaminhado a todos os professores da turma, dando-lhes orientações sobre os procedimentos para a organização da festa de formatura.

Grupo 2

O Grupo 2 deve:

1. Escrever e enviar *e-mails* para os colegas, lembrando-os dos compromissos assumidos em relação à organização da festa.

2. Fazer um abaixo-assinado para solicitar segurança durante o evento da formatura e endereçá-lo à autoridade competente.

Grupo 3

O Grupo 3 deve:

Redigir um atestado, uma declaração, uma convocação e uma circular, abordando a temática da formatura e endereçando tais documentos convenientemente.

Grupo 4

O Grupo 4 deve:

Redigir um contrato, firmando um acordo entre o representante da turma de formandos e o diretor de uma produtora de eventos, para a realização da festa de formatura.

Grupo 5

O Grupo 5 deve:

1. Escrever e enviar torpedos para os colegas, comentando os preparativos da festa.

2. Escrever um recibo, que deve ser assinado pela produtora de eventos contratada.

Grupo 6

O Grupo 6 deve:

Escrever um relatório endereçado ao diretor da instituição de ensino, evidenciando todas as ações realizadas para preparar a festa de formatura.

REFERÊNCIAS

ACADEMIA BRASILEIRA DE LETRAS. *Vocabulário ortográfico da língua portuguesa*. 5. ed. São Paulo: Global, 2009.
BAKHTIN, M. *Estética da criação verbal*. 4. ed. São Paulo: Martins Fontes, 2003.
BRASIL. Presidência da República. *Manual de redação da Presidência da República*. 2. ed. Brasília: Presidência da República, 2002. Disponível em: <http://www.planalto.gov.br/ccivil_03/manual/manual.htm>. Acesso em: 12 jul. 2014.
ECO, U. *Lector in fabula*. São Paulo: Perspectiva, 1979.
FERREIRA, A. B. de H. *Novo dicionário Aurélio da língua portuguesa*. 2. ed. Curitiba: Positivo, 2008.
GOLD, M. *Redação empresarial*: escrevendo com sucesso na era da globalização. 3. ed. São Paulo: Pearson Prentice Hall, 2009.
MARTINS, D. S.; ZILBERKNOP, L. S. *Português instrumental*: de acordo com as atuais normas da ABNT. 27. ed. São Paulo: Atlas, 2008.
SCARTON, G.; SMITH, M. M. *Manual de redação*. Porto Alegre: PUCRS, [2002]. Disponível em: <http://www.pucrs.br/manualred>. Acesso em: 23 ago. 2014.

LEITURAS COMPLEMENTARES

BRANDÃO, H. H. N. (Org.). *Gêneros do discurso na escola*. São Paulo: Cortez, 2000.
CEREJA, W. R.; MAGALHÃES, T. C. *Texto e interação*: uma proposta de produção textual a partir de gêneros e projetos. São Paulo: Atual, 2005.
CEREJA, W. R.; MAGALHÃES, T. C.; CILEY, C. *Interpretação de textos*: construindo competências e habilidades em leitura. 2. ed. São Paulo: Atual, 2012.
CUNHA, C.; CINTRA, L. *Nova gramática do português contemporâneo*. 5. ed. Rio de Janeiro: Lexikon, 2008.
DIONÍSIO, A.; MACHADO, A. R.; BEZERRA, M. A. (Org.). *Gêneros textuais e ensino*. 2. ed. Rio de Janeiro: Lucerna, 2003.
KARWOSKI, A. M. et al. (Org.). *Gêneros textuais*: reflexões e ensino. 2. ed. Rio de Janeiro: Lucerna, 2006.
KASPARY, A. J. *Correspondência empresarial*. 18. ed. Porto Alegre: Edita, 2007.
KASPARY, A. J. *Correspondência oficial*. 11. ed. Porto Alegre: Prodil, 1993.
SCHEUWLY, B. et al. *Gêneros orais e escritos na escola*. Campinas: Mercado de Letras, 2004.

Tânia Aiub
Cristina Rörig Goulart
Denirio Marques

capítulo 7

Elaboração e apresentação de projetos

O que é um projeto? Quais são os passos para o desenvolvimento de um? E para executá-lo, preciso seguir diretrizes específicas? Quais são as orientações para fazer uma boa apresentação do meu projeto?

Cedo ou tarde, todos nós nos depararemos com a necessidade de elaborar (e apresentar) um projeto, seja no meio acadêmico ou no campo profissional. Por isso, é importante entender como funciona sua estrutura. Neste capítulo, então, responderemos às perguntas anteriores. Apresentaremos, primeiramente, os passos para o desenvolvimento de um projeto de pesquisa. Em seguida, indicaremos como normatizá-lo, etapa que o auxiliará a executar seu projeto com todas as partes requeridas. Por fim, forneceremos dicas para uma boa apresentação do seu projeto.

Objetivos de aprendizagem

- Definir projeto.
- Explicar os passos para o desenvolvimento de um projeto de pesquisa.
- Empregar apropriadamente os pronomes de tratamento.
- Citar os elementos-chave na concepção de um projeto de pesquisa.
- Desenvolver e executar um projeto de pesquisa.
- Montar a apresentação de um projeto usando o PowerPoint®.
- Apresentar um projeto, levando em conta os aspectos gerais e específicos de sua apresentação (p. ex., linguagem adequada ao público-alvo).

>> Definição de projeto

> **>> DEFINIÇÃO**
> Em termos gerais, **projeto** pode ser entendido como um plano para a realização de um ato, significando também desígnio, intenção, esboço.

Este capítulo aborda a elaboração e a apresentação de trabalhos e, especificamente, de projetos. A palavra "projeto" pode acionar o significado de ser uma redação provisória de uma medida qualquer que será realizada no futuro. Por exemplo, um projeto de lei é uma proposta apresentada para ser discutida e convertida em lei. Tal proposta consiste em um texto escrito que, para se transformar em lei, depende de aprovação.

Em outro contexto, um projeto pode ser um plano geral de determinada obra, sendo constituído por um conjunto de documentos que contenham instruções e determinações necessárias para definir a construção de um edifício, por exemplo. Neste caso, um projeto consta de peças desenhadas, memória descritiva, medições, orçamento e caderno de encargos. Assim, o projeto final deve conter todos os documentos técnicos necessários para a construção de um edifício ou para a execução de uma obra.

> **>> IMPORTANTE**
> Um projeto de pesquisa deve abarcar aspectos como tema, formulação do problema, objetivos, etc.

Como vimos, a palavra "projeto" pode assumir caracterizações diversas dependendo da área em que está inserida. Ao longo deste capítulo, seguiremos os passos de desenvolvimento de um projeto de pesquisa, pois consideramos que, ao conhecermos tais passos e entendermos seu funcionamento, somos capazes de elaborar projetos tanto na área acadêmica quanto no campo profissional, para fins diversos.

>> O perfil do pesquisador

> **>> PARA REFLETIR**
> Em sua opinião, quais são os requisitos para ser um pesquisador?

No livro *Complexidade e Aprendizagem*, Pedro Demo (2002, p. 12) explora o que chama de "[...] desafios tendencialmente pós-modernos da visão de realidade e de sua captação científica, bem como do manejo crítico e criativo do conhecimento." Para o autor, a produção de saber está associada a uma dinâmica não linear do conhecimento, portanto, a um processo dialético que presume uma qualidade de engajamento político e uma qualidade formal.

O processo de pesquisa está diretamente relacionado à produção de saber. Isso significa que o pesquisador deve possuir as duas qualidades mencionadas por Demo (2002): engajamento político e engajamento formal. No tocante à qualidade política, não se deve prescindir da articulação entre fins, conteúdos e substância do projeto. A qualidade formal, por sua vez, diz respeito aos meios e às formas de produção do projeto e à manipulação dos dados.

Além dessas duas, incorporamos as qualidades de um pesquisador citadas por Gil (2010):

- Conhecimento do assunto a ser pesquisado
- Curiosidade
- Criatividade
- Integridade intelectual
- Atitude autocorretiva
- Sensibilidade social
- Imaginação disciplinada
- Perseverança e paciência.
- Confiança na experiência

Diante do conceito de pesquisa de Demo (1996), precisamos voltar ao entendimento acerca da formalidade e informalidade dos processos comunicativos (Capítulos 2 e 6). Esta necessidade se apresenta quanto, na posição de pesquisador, de construtor de um projeto, o sujeito (professores, estudantes, pesquisadores, profissionais) busca a melhor maneira de evidenciar seu trabalho. A compreensão sobre a ciência e a tecnologia que são viabilizadas por processos de construção de conhecimentos passa, sobretudo, pela sua apresentação na esfera da comunicação.

> **» DEFINIÇÃO**
> Pedro Demo (1996) entende a **pesquisa** como uma atitude. Segundo ele, trata-se de um questionamento sistemático crítico e criativo associado a uma intervenção competente na realidade.

» Desenvolvimento do projeto

Tendo conhecido o conceito de projeto e as qualidades necessárias ao pesquisador, abordaremos as etapas necessárias para o desenvolvimento de um projeto de pesquisa.

» Plano

O primeiro passo para o desenvolvimento de um projeto de pesquisa é entender que todo o trabalho a ser realizado é um projeto, ou seja, que seu sucesso depende da existência de um planejamento, um plano. Quando esta percepção for alcançada, grande parte da eficiência pretendida estará a caminho de ser atingida.

Um plano requer que o autor do projeto amadureça suas hipóteses iniciais, fazendo algumas perguntas elementares:

- Meu projeto tem um início e um fim definidos?
- Qual o ciclo de "vida" pretendido para a ideia?
- Identifiquei uma necessidade real para a execução da ideia?
- Identifiquei a relação entre a necessidade de execução do meu trabalho e a oportunidade adequada?
- Consegui traduzir a necessidade e a oportunidade em um problema?
- Consegui estabelecer o problema em relação a uma cadeia de ideias em desenvolvimento para definir sua autenticidade?
- Tenho elementos suficientes que me permitam resolver o problema?
- Consegui ancoragem teórica relevante e suficiente para a concepção do projeto?

> **» IMPORTANTE**
> Seja qual for a natureza da atividade a ser realizada (acadêmica, pessoal, profissional), o planejamento será sempre a chave para que o foco e a capacidade de execução sejam mantidos. Em outras palavras, isso significa **ter um plano**.

» Concepção

O passo seguinte é converter todas as expectativas em um planejamento sistematizado que envolva todos os elementos necessários à compreensão do projeto e à sua execução, de forma que o seguinte desenho se consolide:

> **Metas + prazos = CONFECÇÃO DO TRABALHO**
>
> **Processo + eficiência = ALCANCE DAS METAS E RESULTADOS ALMEJADOS**

Todo projeto como conjunto de ações propostas com o objetivo de viabilizar soluções para problemas e proposições de novas formas de entendimento de fluxos e processos deve estar ancorado na sistematização de procedimentos que possibilitem respostas aos problemas que desencadearam o trabalho. Para tanto, é possível seguir algumas etapas pragmáticas, que devem conduzir toda a execução do projeto. Exploraremos tais etapas a seguir.

A formulação do problema

É importante compreender que há uma distância enorme entre pesquisar sobre "Educação *online*" e pesquisar sobre "A organização de atividades de aprendizagem nas plataformas virtuais de aprendizagem" ou, ainda, sobre "Atividades de aprendizagem no ambiente virtual 'X'". O tema geral das três opções é o mesmo, mas os recortes, os objetos são diferentes. Por isso, importa saber: qual é objeto do projeto e qual é a justificativa de sua abordagem?

A restrição do objeto e sua localização em um contexto mais amplo

Para Barros e Lehfeld (1999), a definição de um tema emerge de uma gama de situações, como a observação de fluxos de trabalho e a detecção de caminhos diversos de entendimento sobre certos assuntos, certos conceitos, o que nos leva à restrição de abrangência na abordagem do objeto. A restrição do objeto passa pela filtragem que advém dos canais informais de comunicação e da observação atenta do pesquisador para a realidade que o circunda a fim de responder à questão central citada anteriormente:

> Consegui estabelecer o problema em relação a uma cadeia de ideias em desenvolvimento para definir sua autenticidade?

> **» DEFINIÇÃO**
> O **problema** nos leva a recortar nosso objeto em meio a uma infinidade de opções e de ângulos a partir dos quais poderíamos analisar, compreender e estudar nossas hipóteses.

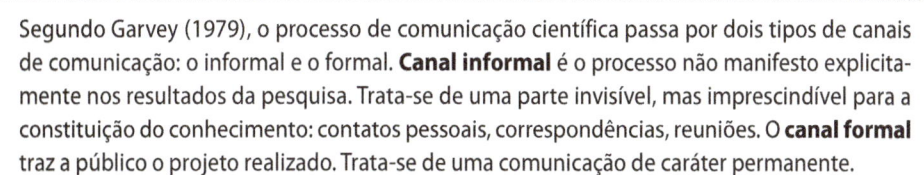

» DEFINIÇÃO

Segundo Garvey (1979), o processo de comunicação científica passa por dois tipos de canais de comunicação: o informal e o formal. **Canal informal** é o processo não manifesto explicitamente nos resultados da pesquisa. Trata-se de uma parte invisível, mas imprescindível para a constituição do conhecimento: contatos pessoais, correspondências, reuniões. O **canal formal** traz a público o projeto realizado. Trata-se de uma comunicação de caráter permanente.

Por exemplo, se determinada pesquisa se concentrar no tema "Mobilidade urbana", a pluralidade de hipóteses de trabalho levantadas pode tornar inviável a dimensão da pesquisa e a proposição de resultados que realmente sejam executáveis. Assim, é importante que o pesquisador recorte mais seu objeto.

Suponhamos que o pesquisador restrinja o tema "Mobilidade urbana" para "Mobilidade urbana sustentável". Neste caso, os caminhos e as hipóteses de pesquisa e a proposição de soluções se restringirão de tal forma que o autor do projeto aumentará a probabilidade de autenticidade e resolução.

Contudo, e se o tema "Mobilidade urbana sustentável" ainda for muito genérico? Afinal, a mobilidade urbana consiste em um grande desafio para as cidades contemporâneas em todas as partes do mundo, e são inúmeras as ideias para torná-la mais sustentável. Vejamos o texto a seguir, do Portal Mobilize Brasil (2003?).

> **O que é mobilidade urbana sustentável**
>
> A opção pelo automóvel – que parecia ser a resposta eficiente do século XX à necessidade de circulação – levou à paralisia do trânsito, com desperdício de tempo e combustível, e a problemas ambientais de poluição atmosférica e de ocupação do espaço público. No Brasil, a frota de automóveis e motocicletas teve crescimento de até 400% nos últimos dez anos [...].
>
> Mobilidade urbana sustentável envolve a implantação de sistemas sobre trilhos, como metrôs, trens e bondes modernos (VLTs), ônibus "limpos", com integração a ciclovias, esteiras rolantes, elevadores de grande capacidade. E soluções inovadoras, como os teleféricos de Medellin (Colômbia), ou sistemas de bicicletas públicas, como os implantados em Copenhague, Paris, Barcelona, Bogotá, Boston e várias outras cidades mundiais.
>
> Por fim, a mobilidade urbana também demanda calçadas confortáveis, niveladas, sem buracos e obstáculos, já que um terço das viagens realizadas nas cidades brasileiras é feita a pé ou em cadeiras de rodas.

Se o tema "Mobilidade urbana sustentável" incluir, por exemplo, um estudo sobre a viabilidade de recursos em uma cidade específica ou sobre um programa em particular, como o Portal Mobilize Brasil, teremos uma abordagem de objeto que, inserido em um contexto amplo, restringe-se a uma preocupação social, política, mais central, incluindo campanhas, leis e normas, modos possíveis de fiscalização, proposições de melhores práticas, constituição ou melhoria de manuais e guias, promoção de associações, entre outros.

Agora já temos um objeto bem restrito, mas a constituição dos objetivos, etapa seguinte da execução do projeto, precisa determinar ainda o universo abrangido pelo estudo:

- Trata-se de um país, de uma região, de um estado, de um município, de uma instituição específica?
- Aborda vários setores da sociedade ou apenas um segmento?
- Envolve todas/algumas esferas hierárquicas ou limita-se a uma esfera (no caso de instituição)?
- Qual o percurso temporal pretendido para análise (século XX, século XXI, ano de 2014, entre os anos "X" e "Y")?

Assim, poderíamos restringir ainda mais o tema da pesquisa, nomeando-a, por exemplo, "Mobilidade urbana sustentável: análise do programa Calçadas do Brasil em Porto Alegre", que consideraria a viabilidade da promoção do programa Calçadas do Brasil na cidade de Porto Alegre.

Tendo delimitado seu objeto, a área de estudos, os setores sociais e o recorte temporal, o pesquisador deve formular seus objetivos, que, no caso do nosso exemplo, poderiam aventar novas formas de condução do programa, a atualização e a melhoria dos recursos de mobilidade e uma análise crítica sobre a implantação do programa na cidade de Porto Alegre.

A especificação dos objetivos

A operacionalização da pesquisa passa, sobretudo, pela delimitação dos objetivos, que estão, invariavelmente, atrelados às expectativas quanto à proposição de resultados. No contexto do projeto "Mobilidade urbana sustentável: análise do programa Calçadas do Brasil em Porto Alegre", por exemplo, alguns objetivos preliminares podem ser evidenciados (MOBILIZE BRASIL, 2013).

1. Chamar a atenção da opinião pública para os problemas de má qualidade, falta de manutenção e ausência das calçadas em Porto Alegre.

2. Estimular as pessoas a denunciar os problemas em seus bairros.

3. Pressionar as autoridades para a implementação do programa e a destinação de recursos para tal.

A formulação dos objetivos está vinculada às pretensões do autor do projeto. Isto é, de acordo com o que é pretendido com determinado objetivo (p. ex., fazer uma descrição do objeto, fazer uma representação do objeto ou fazer considerações críticas sobre o objeto), ele deve ter uma redação específica, a fim de empregar a estrutura linguística adequada para aquele caso. Para Silva e Menezes (2005), existem verbos indicativos para determinar cada estágio cognitivo, e estes devem ser levados em conta na formulação dos objetivos. São eles:

- **Estágio cognitivo de conhecimento**: apontar, arrolar, definir, enunciar, inscrever, registrar, relatar, repetir, sublinhar e nomear.

- **Estágio cognitivo de compreensão**: descrever, discutir, esclarecer, examinar, explicar, expressar, identificar, localizar, traduzir e transcrever.

- **Estágio cognitivo de aplicação**: aplicar, demonstrar, empregar, ilustrar, interpretar, inventariar, manipular, praticar, traçar e usar.

- **Estágio cognitivo de análise**: analisar, classificar, comparar, constatar, criticar, debater, diferenciar, distinguir, examinar, provar, investigar e experimentar.

- **Estágio cognitivo de síntese**: articular, compor, constituir, coordenar, reunir, organizar e esquematizar.

- **Estágio cognitivo de avaliação**: apreciar, avaliar, eliminar, escolher, estimar, julgar, preferir, selecionar, validar e valorizar.

>> **DEFINIÇÃO**
Calçadas do Brasil é uma iniciativa do Portal Mobilize Brasil para estimular a melhoria das condições de mobilidade para pedestres nas cidades do país.

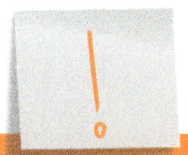

>> **IMPORTANTE**
Os enunciados dos objetivos devem presumir o posterior desenvolvimento e a continuidade da pesquisa.

Advém da formulação dos objetivos uma pluralidade de caminhos para a realização do projeto. Tais caminhos se ancoram no tipo de pesquisa, no universo da pesquisa, nas formas de coleta de dados e de análise desses dados. Enfim, delimitado o objeto e definidos seus objetivos, é hora de procurar o recurso mais adequado para a construção do trabalho, ou seja, de determinar as modalidades da pesquisa.

Agora é a sua vez!

A partir das etapas estudadas, inicie a elaboração de seu projeto:

a. Trace um plano.

b. Formule o problema em uma frase.

c. Restrinja o objeto e o situe em um contexto amplo em duas frases.

d. Especifique três objetivos. Para isso, selecione três estágios que você pretende abordar e use os verbos adequados para a escrita dos objetivos.

A definição das modalidades de pesquisa

Gil (2010) define modalidades gerais de pesquisa, classificando-as quanto à natureza, o objetivo e grau do problema, o ambiente de coleta de dados e o controle para análise de dados.

Quanto à natureza

Neste aspecto, as pesquisas podem ser qualitativas ou quantitativas.

- **Qualitativas**: com caráter mais descritivo, a pesquisa qualitativa busca a exploração de situações, ressalta aspectos subjetivos, e seus dados não são demonstráveis numericamente. Busca-se, pelo método qualitativo de pesquisa, a percepção e o entendimento sobre a natureza dos dados. Trata-se de uma pesquisa indutiva, que envolve um grau maior de conceituação e subjetivação.

- **Quantitativas**: pautada no processo de coleta de dados e na mensuração, a pesquisa quantitativa busca a identificação de diferenças e aproximações entre variáveis. O grau de interpretação e percepção sobre os dados se restringe ao processo numérico; portanto, a intervenção subjetiva não é possibilitada quando se opta por esta modalidade.

Quanto ao objetivo e ao grau do problema

Com relação ao objetivo e ao grau do problema, as pesquisas são classificadas como exploratórias, descritivas ou explicativas.

- **Exploratórias:** a pesquisa exploratória representa um estágio preliminar de construção do projeto, já que dela advêm os aspectos informais da comunicação. Trata-se de um momento constitutivo de toda produção de saber sobre algum objeto.
- **Descritivas:** este tipo de pesquisa se insere em um estágio mais avançado de formalização da construção de conhecimento sobre o objeto, pois coloca em evidência características apontadas no processo exploratório.
- **Explicativas:** a pesquisa explicativa é definida pela proposição de identificação de relações entre variáveis e fatores que determinam a ocorrência de fenômenos. Trata-se de dimensionar o porquê dos fatos que envolvem o objeto analisado.

Quanto ao ambiente de coleta de dados

No que se refere ao ambiente de coleta de dados, as modalidades de pesquisa se dividem em estudo de caso e estudo de campo.

- **Estudos de caso:** o estudo de caso visa à análise de situações complexas e pontuais, como situações com indivíduos, grupos, organizações, comunidades, países e regiões.
- **Estudos de campo**: o estudo de campo diz respeito à observação de um local e/ou uma situação, analisando aspectos da realidade.

Quanto ao controle para análise de dados

Quanto a este aspecto, a pesquisa pode ser experimental ou não experimental.

- **Experimentais:** a pesquisa é experimental quando os objetos de estudo são entidades físicas. A realização de pesquisas experimentais se define pela possibilidade de manuseio do objeto.
- **Não experimentais:** a pesquisa não experimental se define pela amplitude de análise e pela exploração de objetos sociais.

>> **DEFINIÇÃO**
O **estudo de caso** se define precisamente por determinar uma única unidade de estudo (p. ex., estudo de doenças raras). Se houver a necessidade de outra unidade ser abordada, passa a ser a uma **análise comparativa**.

>> **IMPORTANTE**
A definição das modalidades utilizadas para a realização do projeto permite que o autor recorte suas fontes de análise, fontes de informação.

O Quadro 7.1 resume o que foi apresentado nesta seção.

Quadro 7.1 >> Classificação das pesquisas acadêmicas

Quanto à natureza	Qualitativas	Quantitativas	
Quanto ao objetivo e ao grau do problema	Exploratórias	Descritivas	Explicativas
Quanto ao ambiente de coleta de dados	Estudos		
	Caso	Campo	
Quanto ao controle para análise de dados	Experimentais	Não experimentais	

Agora é a sua vez!

Volte ao projeto de pesquisa iniciado na atividade anterior. Defina suas modalidades:

a. quanto à natureza;

b. quanto ao objetivo e grau do problema;

c. quanto ao ambiente de coleta de dados;

d. quanto ao controle para análise de dados.

Para cada opção, elabore um parágrafo de cinco linhas justificando sua escolha.

Normatização do projeto

> **DICA**
> A normatização proporciona certo grau de qualidade aos trabalhos realizados nas diversas instituições, tanto de ensino quanto de pesquisa, bem como auxilia o autor do projeto na confecção adequada do trabalho.

Após seguir as etapas descritas até aqui, você será capaz de executar o projeto. Esta seção é destinada a orientá-lo quanto a onde buscar as diretrizes que o guiarão nessa execução.

O projeto constitui um documento-base tanto para os agentes de execução (pesquisador e sua equipe) como para outros agentes (quem pretende contratar os serviços, quem pretende investir no produto final resultante da pesquisa, etc.). Assim, é importante que ele siga os padrões normativos vigentes, no caso, as normativas da Associação Brasileira de Normas Técnicas (ABNT).

> **CURIOSIDADE**

Fundada em 1940, a **Associação Brasileira de Normas Técnicas (ABNT)** é o órgão responsável pela normatização técnica no país, fornecendo a base necessária ao desenvolvimento tecnológico brasileiro.

Trata-se de uma entidade privada, sem fins lucrativos, reconhecida como único Foro Nacional de Normalização por meio da Resolução nº 07 do Conselho Nacional de Metrologia, Normalização e Qualidade (CONMETRO), de 24/08/1992. É membro fundador da International Organization for Standardization (ISO), da Comissão Pan-Americana de Normas Técnicas (COPANT) e da Associação Mercosul de Normalização (AMN).

A ABNT é a representante oficial no Brasil das entidades internacionais ISO e International Eletrotechnical Comission (IEC), bem como das entidades de normalização regional COPANT e AMN (ASSOCIAÇÃO BRASILEIRA DE NORMAS TÉCNICAS, 2011).

Para saber mais sobre a ABNT, leia *História da Normalização Brasileira* ou visite a loja virtual do Grupo A (loja.grupoa.com.br) e procure pela página deste livro para acessar seu Material Completar.

Em termos de escrita, o projeto deve seguir uma normativa específica da ABNT que ampara sua constituição formal: a **ABNT NBR 15287:2011**. Ela apresenta, sequencialmente, os moldes de construção textual do projeto.

Para cada tipo de trabalho a ser desenvolvido, a ABNT postula normas específicas e as coloca em constante estado relacional. Por exemplo, como foi mencionado, a NBR 15287 é usada para a construção textual e a organização do projeto. Esta NBR, por sua vez, está associada diretamente, na qualidade de referência normativa, às normas apresentadas no esquema da Figura 7.1.

Figura 7.1 NBR 15287 e normas associadas a ela.
Fonte: Dos autores.

> **DICA**
> Em trabalhos acadêmicos estão inclusas as teses, as dissertações, os trabalhos de conclusão de curso e as monografias.

Assim, o trabalho, ao se enquadrar em uma categoria de escrita, estará se situando em uma norma específica da ABNT e se relacionará com as demais normas vigentes. Este estado relacional para o processo de escrita desde a concepção do projeto até o relatório final garante uma uniformidade na produção científica. Outras categorias expressivas são:

- **ABNT NBR 6022:** Artigo em publicação periódica científica impressa.
- **ABNT NBR 10719:** Relatório técnico e/ou científico.
- **ABNT NBR 14724:** Trabalhos acadêmicos.

A Figura 7.2 apresenta a estrutura que deve ser seguida para a elaboração do projeto.

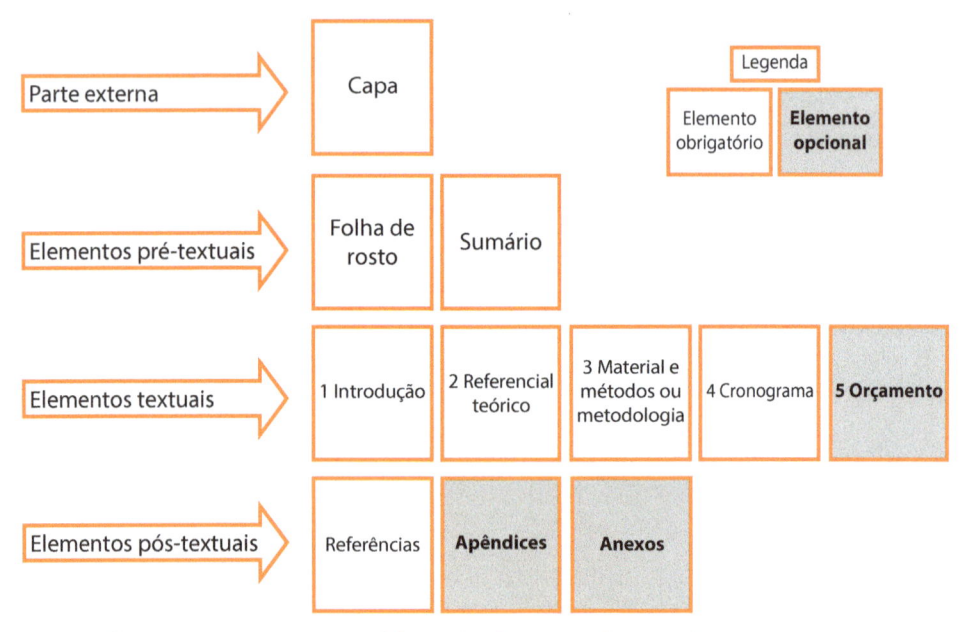

Figura 7.2 Estrutura para elaboração do projeto de pesquisa.
Fonte: Dos autores.

Agora é a sua vez!

Pesquise a NBR 15287 e elabore uma prévia escrita de seu projeto.

» Apresentação do projeto

Uma vez que o projeto tenha sido elaborado, é necessário saber como apresentá-lo, afinal, sua ideia deve ser mostrada para que possa ser aceita e executada. Este é o tópico que abordaremos nesta seção.

Uma apresentação tem por objetivo divulgar um trabalho para torná-lo conhecido, seja em um evento científico, em uma banca de seleção, em uma situação empresarial ou em outro contexto. A finalidade disso é permitir o desenvolvimento de uma pesquisa ou de um objeto. A apresentação é um momento único para mostrarmos que:

- dominamos o assunto e conhecemos plenamente o que foi pesquisado;
- temos clareza e desenvoltura;
- somos capazes de sintetizar nossa pesquisa, destacando os pontos mais importantes para a obtenção dos resultados desejados;
- sabemos usar a linguagem de forma adequada, com uso de termos técnicos e conhecimento da norma-padrão;
- estamos entusiasmados e motivados com nosso trabalho.

» Planejamento

No momento de apresentar o trabalho de conclusão de curso (TCC) ou outra produção acadêmica ou, ainda, um projeto profissional, é comum que muitas pessoas se sintam nervosas por estar frente a uma audiência crítica e influente no assunto que será apresentado. Porém, essa situação não pode ser encarada de maneira assustadora, pois é durante a apresentação que você pode apresentar seu domínio sobre o assunto, mostrar que suas ideias acadêmicas ou profissionais ganharam forma e ter o *feedback* necessário para evoluir ainda mais.

Assim, a apresentação de um projeto pode ser decisiva para sua execução. A fim de auxiliá-lo a ter êxito em mostrar sua pesquisa, daremos, a seguir, algumas dicas para o planejamento de sua apresentação.

Entre no clima

Antes de preparar sua apresentação, assista a vídeos de pessoas inspiradoras que compartilhem e falem seus pensamentos de maneira clara, mesmo que os tópicos sejam totalmente diferentes de seus interesses acadêmicos ou profissionais. O que está valendo é observar a energia que os apresentadores passam em seus discursos.

> **IMPORTANTE**
> Conhecer o interlocutor facilita a construção da apresentação porque permite estabelecer uma série de parâmetros, como o **tipo de linguagem** (formal ou informal, mais persuasiva ou mais informativa), o **conhecimento compartilhado** (o que é preciso informar e o que já é sabido, para ser objetivo e evitar repetições), os **interesses**.

Entenda quem é seu público

Se for apresentar um projeto de pesquisa para um trabalho de final de curso superior, para um mestrado ou para um doutorado, seu público-alvo será composto por professores, com destaque para o professor orientador. Neste caso, deve-se utilizar uma linguagem formal, seguindo a norma culta, e demonstrar que o assunto a ser pesquisado tem relevância, ou seja, mostrar algo a seu futuro orientador no qual ele ainda não tenha pensado e que lhe desperte a atenção.

No caso de um projeto empresarial visando ao desenvolvimento de um novo produto ou método de trabalho, seu público-alvo será a equipe de trabalho e, provavelmente, uma pessoa responsável pelo controle orçamentário da empresa. Além disso, você poderá ter a missão de convencer um cliente. Neste caso, é muito importante considerar os conhecimentos prévios de seus ouvintes e suas áreas de interesse, a fim de montar uma apresentação persuasiva e adequada, mostrando respeito e consideração para com eles.

É importante mencionar, ainda, que o interlocutor de sua fala determina um padrão de comportamento e o modo como você pode iniciar sua apresentação. Para começar, lembre-se sempre de cumprimentar as pessoas e agradecer por sua presença. Ao falar sobre si, seja simples e breve, dizendo somente o que não for de conhecimento dos presentes, como seu nome, cargo, empresa ou instituição a que pertence.

> **DICA**
> Seu público delimita o tom de seu discurso. Assim, em algumas situações, é possível fazer um comentário humorístico ou até mesmo uma piada elegante para quebrar o gelo. Outro recurso que pode ser utilizado é elogiar alguém ou algo, porém, sem excessos que possam levar a uma imagem de "puxa-saco".

Faça uma apresentação em PowerPoint®

Ao pensarmos em como elaborar uma apresentação, automaticamente surge em nossa mente uma sequência de *slides*. Este consiste em um método prático para organizar e mostrar ideias de forma ordenada e objetiva. Além disso, é uma forma de prender a atenção e o interesse dos ouvintes, algo que apenas a leitura em voz alta não consegue fazer.

Existem diversas dicas sobre como fazer uma boa apresentação usando o PowerPoint, mas o ideal é focar dois aspectos: **originalidade** e **estrutura**. No que diz respeito à originalidade, evite modelos pré-fixados da ferramenta. Eles já foram usados milhares de vezes. Use um jogo de esquemas de cores, tipos de fonte e vá além do que as pessoas costumam personalizar.

> **DICA**
> Ao preparar uma apresentação, tenha em mãos seu projeto escrito. As informações ali presentes servem de guia para o roteiro de slides.

Além disso, um projeto bem estruturado no papel propicia a elaboração de uma apresentação com *design* interessante. Assim, para facilitar a montagem, é interessante que você siga algumas diretrizes:

- selecione o conteúdo síntese do seu trabalho;
- faça um esboço do que será discutido; e, depois,
- escreva a apresentação.

Depois disso, elabore o material visual em si, seguindo as dicas a seguir:

- calcule um *slide* por minuto;
- numere todos os tópicos, para que as pessoas possam acompanhar seu raciocínio; e
- faça um resumo após fechar um ciclo de apresentação, a fim de mostrar ao espectador como está o desenvolvimento do projeto.

No início da apresentação, deve haver um *slide* de capa. Neste caso, valorize sua instituição ou a instituição promotora do evento, colocando o nome desta por extenso no topo do *slide*. Ao centro, dê destaque para o título de sua apresentação. Logo abaixo, insira seu nome e o nome de seu orientador e/ou de seus eventuais colaboradores. Veja um modelo na Figura 7.3.

>> **ATENÇÃO**
Tenha cuidado para que o contraste de cores seja legível e a apresentação em PowerPoint® não se sobressaia em relação ao tema a ser apresentado. Escolha dois tamanhos de letras e duas a três cores e siga este padrão durante toda a apresentação. Use fontes claras e tamanhos apropriados.

Instituto Federal de Educação, Ciência e Tecnologia do Rio Grande do Sul

**Destaque para o título da sua apresentação:
COMO APRESENTAR UM TRABALHO
APRESENTAÇÃO ORAL**

Seu Nome (sem abreviaturas)
O nome do seu orientador(a) ou colaboradores

Data e local

Figura 7.3 Elementos do primeiro *slide*.
Fonte: Dos autores.

O passo a seguir é tentar esclarecer para a plateia a resposta à pergunta: **"O que me fez pensar no assunto?".** Para isso:

- exponha o marco teórico;
- convença a audiência acerca da relevância do problema;
- apresente dados da literatura; e
- use uma figura que ilustre o tema.

Você deve usar um *slide* para essa etapa. Depois, siga uma linha de raciocínio em que o próximo questionamento a ser apresentado seja: **"O que farei para responder a minha pergunta-problema?"**. A seguir, explicite a parte referente a material e métodos, tópico subsidiado pela pergunta: **"Como eu fiz a pesquisa?"**. Sugerimos o uso de um a três *slides*, a fim de que seja possível apresentar:

- o delineamento;
- a descrição da população ou dos materiais: seleção, critérios de inclusão e exclusão; e
- os métodos, ou seja, o que foi usado para buscar o objetivo.

Pensando na questão **"O que eu encontrei?"**, você apresentará seus resultados. Neste tópico, sugerimos o uso de três a quatro *slides*. Procure uniformizar a apresentação dos resultados em uma sequência correspondente a material e métodos.

Ao fim, apresente as conclusões, usando de um a dois *slides*. Uma forma objetiva de concluir envolve responder ao questionamento **"O que eu aprendi?"**. Lembre-se de que as conclusões precisam estar relacionadas com os objetivos e devem se basear apenas no que foi apresentado. Termine sua apresentação com um *slide* que informe a plateia sobre o fim da conferência.

Veja a seguir algumas observações gerais referentes à apresentação visual para todos os tipos de trabalho:

- Inclua o título em todos os dispositivos.
- Utilize letras minúsculas, exceto no TÍTULO.
- Não utilize letras pequenas demais.
- Não polua o *slide*.
- Sugerimos que haja sete linhas por *slide* e sete palavras por linha.
- Evite abreviações.
- Em tabelas de duas colunas, use no máximo quatro linhas.
- Refaça tabelas publicadas, se inadequadas, adaptando-as à norma a ser seguida.
- Em gráficos de barra, cuide para que todas as barras sejam visíveis e distintas.
- Quando apresentar dados de outros autores, inclua a referência.

>> **DICA**
De acordo com a temática do seu trabalho, podem existir tópicos opcionais, como significância do estudo e recomendações. Para cada um destes, procure usar um *slide*.

>> **ATENÇÃO**
Cuidado com o uso de símbolos para não "infantilizar" a apresentação. Evite também o uso excessivo de recursos de animação.

» Preparação e apresentação

Depois que sua apresentação estiver planejada, em teoria, só resta aguardar o momento e relaxar. Porém, sabemos que, na prática, não é tão simples ficar tranquilo.

Todas as pessoas se comunicam melhor quando estão relaxadas, mas cada um tem o seu jeito de conseguir ficar mais calmo para um momento importante como uma apresentação de projeto. É preciso, então, descobrir o que pode auxiliá-lo a ficar mais tranquilo para sua apresentação.

Uma dica é imaginar que todos na sala são seus amigos, colegas de trabalho e familiares. Assim, talvez você fique mais calmo e consiga desempenhar com naturalidade.

Nas horas que antecedem uma apresentação, sugerimos que reserve um tempo para treinar a apresentação, primeiramente sozinho e depois para amigos ou colegas. Isso o fará sentir-se mais preparado e confiante. Também é importante conhecer previamente o local de apresentação e os recursos que este oferece.

No momento da apresentação, chegue a tempo de :

- apresentar-se ao coordenador do evento;
- testar o material visual no local;
- certificar-se dos equipamentos de mídia disponíveis; e
- identificar o controle de luminosidade.

E, por fim, com relação à sua apresentação:

- atente para a entonação de sua voz;
- fale olhando para a plateia;
- seja convincente, firme em seus resultados; e
- fale com motivação, mas cuidado para não exagerar!

Acreditamos que, seguindo este padrão de estrutura para a construção de seu trabalho desde a forma escrita até o momento da apresentação, você terá grande chance de sucesso!

> **» ATENÇÃO**
> Não se esqueça da necessidade de adequação quanto à vestimenta, à postura, aos movimentos do corpo e aos movimentos dos membros.

>> Atividades

1. Elabore uma apresentação para o projeto que você desenvolveu ao longo do capítulo, seguindo as diretrizes aqui mencionadas. Depois, apresente-o para seu público, ou seja, para seus colegas.

2. Após a apresentação de todos os projetos, a turma deve se dividir em grupos de quatro ou cinco alunos. Todos devem discutir as diferenças entre os projetos do grupo, bem como os pontos fortes e fracos de cada projeto.

REFERÊNCIAS

ASSOCIAÇÃO BRASILEIRA DE NORMAS TÉCNICAS. *História da normalização brasileira*. Rio de Janeiro: ABNT, 2011.
BARROS, A. J.; LEHFELD, N. A. *Projeto de pesquisa*: propostas metodológicas. Petrópolis: Vozes, 1999.
DEMO, P. *Complexidade e aprendizagem*: a dinâmica não linear do conhecimento. São Paulo: Atlas, 2002.
DEMO, P. *Pesquisa e construção do conhecimento*. Rio de Janeiro: Tempo Brasileiro, 1996.
GARVEY, W. D. *Communication*: the essence of science. Oxford: Pegamon, 1979.
GIL, A. C. *Como elaborar projetos de pesquisa*. São Paulo: Atlas, 2010.
MOBILIZE BRASIL. *Calçadas do Brasil*: sobre a campanha. [S.l.]: Mobilize Brasil, 2013. Disponível em: <http://www.mobilize.org.br/campanhas/calcadas-do-brasil/sobre>. Acesso em: 01 abr. 2015.
MOBILIZE BRASIL. *O que é mobilidade urbana sustentável*. [S.l.]: Mobilize Brasil, [2003?]. Disponível em: <http://www.mobilize.org.br/sobre-o-portal/mobilidade-urbana-sustentavel/>. Acesso em: 22 mar. 2015.
SILVA, E. L.; MENEZES, E. M. *Metodologia da pesquisa e elaboração de dissertação*. 4. ed. Florianópolis: UFSC, 2005.

LEITURAS COMPLEMENTARES

ACADEMIA BRASILEIRA DE LETRAS. Rio de Janeiro, [2015?]. Disponível em: <www.academia.org.br>. Acesso em: 15 mar. 2015.
COHEN, M. C. J. *Comunicação escrita*: a busca do texto objetivo. Rio de Janeiro: E-papers, 2011.
DEMO, P. *Avaliação qualitativa*. São Paulo: Cortez, 2002.
GARCEZ, L. H. do C. *Técnica de redação*. São Paulo: Martins Fontes, 2012.
INSTITUTO BRASILEIRO DE GEOGRAFIA E ESTATÍSTICA. *Normas de apresentação tabular*. 3. ed. Rio de Janeiro: IBGE, 1993.
MEDEIROS, J. B. *Redação científica*: a prática de fichamentos, resumos, resenhas. 11. ed. São Paulo: Atlas, 2010.
SCARTON, G.; SMITH, M. M. *Manual de redação*. Porto Alegre: PUCRS, [2002]. Disponível em: <http://www.pucrs.br/manualred>. Acesso em: 23 ago. 2014.